U0739113

寻求

中 小 企 业
数字化转型实践

董海峰◎编著

突破

人民邮电出版社

北 京

图书在版编目（CIP）数据

寻求突破 ：中小企业数字化转型实践 / 董海峰编著.
北京 ：人民邮电出版社，2025. -- ISBN 978-7-115
-65499-1

Ⅰ. F279.243

中国国家版本馆 CIP 数据核字第 202482HK79 号

内 容 提 要

本书全面系统地剖析了我国中小企业在数字经济浪潮中数字化转型的现状及存在的问题，通过大量的实地调研和访谈，从理论和实践两个层面，深入分析了中小企业在数字化转型过程中的成功经验及面临的挑战。针对中小企业特有的资源限制与创新能力需求，提出了"政府引导+市场主导"的转型思路，并详细探讨了政策措施的精准性与市场力量的参与度等关键要素。本书旨在从政策制定和发展路径方面为中小企业的数字化转型提供一套系统性、可操作的方法，助力中小企业在宏观层面把握时代机遇，实现创新发展，增强市场竞争力。

◆ 编　著　董海峰

　　责任编辑　赵　娟

　　责任印制　马振武

◆ 人民邮电出版社出版发行　　北京市丰台区成寿寺路 11 号

　　邮编　100164　　电子邮件　315@ptpress.com.cn

　　网址　https://www.ptpress.com.cn

　　涿州市京南印刷厂印刷

◆ 开本：720×960　1/16

　　印张：10　　　　　　　　　　2025 年 3 月第 1 版

　　字数：127 千字　　　　　　　2025 年 3 月河北第 1 次印刷

定价：79.90 元

读者服务热线：(010)53913866　印装质量热线：(010)81055316
反盗版热线：(010)81055315

前言

在数字经济时代，数字化转型如同一股不可阻挡的浪潮，席卷着全球经济的每一个角落。对于中小企业而言，这股数字化浪潮不仅是外部环境的一种变化，也是其生存与发展的内在要求，更是通往未来发展与竞争力提升的关键航道。

在日益激烈的市场竞争环境中，中小企业面临前所未有的挑战。传统企业的发展模式受限于资源、创新能力不足等问题，难以在瞬息万变的市场中保持竞争力。而数字化转型，通过引入先进的信息技术和数字化工具，能够帮助企业打破传统壁垒，优化内部管理流程，提升运营效率，从而降低生产成本，提高市场响应的速度。这种转变不仅使中小企业能够更加灵活地应对市场变化，还为其开辟了新的业务增长点和发展空间。

同时，快速变化的市场需求也对中小企业提出了更高的要求。消费者对于个性化、定制化产品和服务的需求日益增长，而数字化转型正是企业满足这些需求的有效途径。通过应用大数据分析、人工智能等技术，企业可以更加精准地洞察市场需求，实现产品的快速迭代和创新，从而赢得消费者的青睐和市场的认可。

此外，不断加速的技术革新也为中小企业带来了前所未有的机遇。云计算、物联网、区块链等新兴技术的涌现，为企业提供了更加高效、便捷、安全的数字化解决方案。中小企业可以通过采用这些先进技术，构建自己的数字化生态系统，实现与上下游企业的无缝对接和协同合作，进而提升整个产业链的效率和竞争力。

因此，对于中小企业而言，数字化转型已经不再是可选项，而是必答题。只有积极拥抱数字变革，才能在激烈的市场竞争中脱颖而出，实现创新发展和持续成长。这既是对中小企业自身能力的考验，也是对其战略眼光和决策能力的挑战。在这个过程中，中小企业需要不断学习、探索和实践，寻找适合自己的数字化转型路径和策略。

本书正是在这一背景下创作的，旨在通过深入剖析中小企业数字化转型的时代背景、意义、理论框架、动力机制、国内外实践案例及当前面临的问题与挑战，从政策制定和路径选择层面，为中小企业提供一系列系统、全面且具有可操作性的数字化转型建议。

本书第一章是导论部分，首先勾勒了数字化转型的时代背景，揭示了数字经济时代对企业发展的深远影响；其次阐述了数字化转型对于中小企业的意义，不仅在于提升企业的运营效率、降低成本，更在于重塑商业模式、提升市场竞争力；最后还简要介绍了数字化转型的相关理论，为深入分析后续章节奠定了理论基础。

本书第二章至第四章从系统认识、动力来源和驱动模式3个维度，对中小企业数字化转型进行了全面剖析。第二章详细阐述了数字化转型的内涵、中小企业数字化转型的特征和系统框架，帮助读者建立起对数字化转型的整体认知。第三章深入探讨了数字化转型的内外因，揭示了外在驱动力（例如政策环境、市场需求等）与内在驱动力（例如企业自身发展需求、创新能力等）如何共同作用，推动中小企业向数字化转型迈进。第四章介绍了数字化转型的主导方式，包括行政化主导和"政府＋市场"相结合两种模式，为中小企业选择适合自身的转型路径提供了参考。

本书第五章至第六章通过分析国内外企业数字化转型案例，总结了中小企业数字化转型的成绩与不足。第五章分别介绍了国外发达国家及国内主要省市的企业数字化转型实践，展示了不同地域、不同行业企业的数字化转型探索与尝试。第六章聚焦于中小企业数字化转型的主要成绩与主要不足，通过自我解剖的方式，揭示了中小企业在数字化转型过程中面临的困境与挑战。

第七章和第八章是本书的核心部分，也是实践检验与布局谋划的交汇点。第七章通过现场调查的方式，深入了解了中小企业数字化转型的基本现状，总结了转型成功企业的经验；随后，针对中小企业在数字化转型中普遍存在的问题进行了分析，提出了针对性的解决策略。在此基础上，第八章进一步明确了中小企业数字化转型的思路——"政府引导＋市场主导"模式，并就如何提高政策措施的精准性、增强市场力量的参与度等问题提出了具体建议。

这是一本集理论、实践、指导于一体的著作，不仅为中小企业提供了数字化转型的理论依据和实践参考，更为政府及相关部门制定支持中小企业数字化转型的政策措施提供了有益借鉴。我们相信，本书能够引导和帮助中小企业在数字化转型的道路上迈出坚实的步伐，实现更高质量和可持续发展。

目录

第一章
导 论

第二章
系统认识—— 数字化转型概述

第三章
动力来源—— 数字化转型的内外因

第四章

驱动模式——数字化转型的主导方式

第五章

他山之石——国内外企业数字化转型

第六章

自我解剖——数字化转型的成绩与不足

第七章

实践检验——数字化转型的现场调查

第八章

布局谋划—— 数字化转型的思路与路径

导 论

当前，中小企业数字化转型的浪潮正在以前所未有的速度和规模席卷全球，成为一股不可逆转的趋势。这一趋势的形成，是多重因素共同作用的结果，其深远影响将推动中小企业实现生产方式、管理模式、市场竞争格局等方面的深刻变革，为企业的可持续发展注入新的活力和动力。

数字化转型已成为中小企业得以生存和发展的必然选择。企业需要积极拥抱数字技术，加强自身的数字化能力建设，并深化与产业链上下游企业的合作，通过共享数字资源、协同研发创新、优化供应链管理等方式，实现产业链上下游企业的互利共赢和共同发展。

▶ 第一节 时代背景

在当前国际政治经济形势日益复杂且多变的背景下，制造业中小企业正处在一个充满机遇与挑战的历史节点。随着全球经济格局的演变和新一代数字技术的发展，我国制造业中小企业面临前所未有的转型压力，同时也拥有了实现跨越式发展的契机。

从全球制造业的战略调整与竞争态势来看，在经历了"互联网泡沫"和2008年全球金融危机后，西方国家重新认识到制造业在国民经济中的核心地位，开始实施一系列战略，旨在重振制造业。美国的"再工业化战略"、德国的"工业4.0"、英国的"工业2050战略"，均强调数字技术与网络技术的融合，旨在推动制造业的转型升级，重塑全球制造业的竞争格局。这些国家的政策导向不仅是对过去去工业化战略的反思，更是对未来制造业发展方向的前瞻布局。

数字经济正在加速发展，世界各国都在积极推进数字化转型，试图在新一轮的技术革命中占据有利位置。德国的"工业4.0战略"和中国的"两化"

深度融合发展战略，均对制造业提出了数字化、网络化和智能化发展。

虽然我国制造业中小企业在过去几十年里发展迅速，但在国际竞争中仍存在"大而不强、全而不优"的问题。面对工业互联网和智能制造带来的挑战，制造业中小企业必须在技术创新、产业升级、数字化转型和智能化升级方面实现突破，以应对国际贸易环境的不确定性。制造业中小企业需要主动拥抱变化，积极运用数字技术，加快改革步伐，推动企业数字化转型，实现产业结构升级。通过技术创新和数字化转型，制造业中小企业可以提升生产效率，降低运营成本，提高产品质量和服务水平，从而增强国际竞争力，实现高质量发展。

政府在这一过程中扮演着至关重要的角色，政府需要继续加大对制造业中小企业数字化转型的支持力度。这包括提供财政补贴、税收优惠、人才培养、技术引进和知识产权保护等方面的扶持。同时，政府要构建完善的数字基础设施，促进数据开放共享，打造良好的数字生态环境，为制造业中小企业数字化转型创造有利条件。

制造业中小企业正处于一个历史性的转折点，数字化转型既是挑战也是机遇。只有那些能够敏锐捕捉到时代脉搏，主动适应技术变革，勇于创新的企业，才能在未来的全球竞争中立于不败之地。政府、企业和社会各界应共同努力，形成合力，推动我国制造业中小企业向更加智能、绿色和高效的方向迈进。

▶ 第二节 数字化转型的意义

中小企业在国民经济和社会发展中扮演着不可替代的角色，它们不仅是经济发展的动力源，也是社会稳定的基石，对于促进就业、鼓励创新、增强市场活力和推动地方经济发展都有深远的影响。截至 2023 年 12 月，在全国工商注册的企业中，中小企业占比高达 99%，对国内生产总值（Gross Domestic Product，GDP）的贡献接近 60%，创造了约 60% 的出口总额，提供了约 75% 的就业岗位。中小企业在创新方面也生机勃勃，截至 2024 年 6 月底，我国累计培育了超过 14 万家专精特新中小企业，其中专精特新"小巨人"企业达到 1.2 万家。这些企业专注于细分市场，拥有核心技术和创新能力，是产业链上的关键环节，展现着在国际市场的竞争力和重要性。

从理论层面来看，将中小企业作为精准的研究对象，可以拓展企业数字化转型的研究角度，丰富数字经济研究的理论体系，意义深远且多维。

一是丰富转型理论。中小企业在资源、规模和技术等方面与大企业存在显著差异，其数字化转型的路径、策略及效果也有所不同。因此，针对中小企业数字化转型的研究能够丰富和深化现有的企业转型理论，为理解不同规模企业转型的差异性提供理论支撑。

二是拓展数字经济研究。在数字经济时代，中小企业作为市场的重要参与者，其数字化转型是数字经济发展的重要推动力。研究中小企业数字化转型有助于我们更加全面地理解数字经济与实体经济融合的过程，拓展数字经济研究的深度和广度。

三是提供实证支持。通过实证研究，分析中小企业数字化转型的现状、挑战及效果，可以为相关政策的制定提供科学依据，为其他企业的数字化转型提供借鉴和参考。

从现实应用层面来看，中小企业数字化转型的研究不仅可以提升企业自身的竞争力和抗风险能力，更能推动整个产业的升级和转型，促进经济社会的可持续发展。

● 指导企业实践。中小企业在数字化转型过程中面临诸多挑战，例如资金、技术和人才等方面的限制。研究中小企业数字化转型的路径、策略及效果，有助于企业明确数字化转型的方向，制订科学的转型计划，降低数字化转型风险。

● 促进产业升级。中小企业数字化转型是推动产业升级的重要力量。通过数字化转型，中小企业可以实现生产过程的智能化、管理流程的数字化，提高生产效率和管理水平，进而推动整个产业链升级。

● 增强企业竞争力。数字化转型有助于中小企业实现产品创新、服务创新和管理创新，提高产品和服务质量，降低生产成本，满足消费者个性化、多样化的需求，从而增强企业的市场竞争力。

● 推动经济发展。中小企业是国民经济的重要支柱，其数字化转型在促进经济增长、提高就业水平、优化经济结构等方面具有重要意义。研究中小企业数字化转型有助于我们更好地理解数字化转型对经济发展的推动作用，为制定相关政策提供科学依据。

▶ 第三节 与数字化转型相关的理论

中小企业数字化转型的理论基础是多元化的，在管理领域主要包括权变理论、组织变革理论、业务流程再造理论和创新扩散理论等。这些理论为中小企业数字化转型提供了理论支撑和实践指导，有助于推动中小企业实现数字化转型和可持续发展。

（一）权变理论

权变理论认为，组织的设计和管理应根据具体情况和环境的变化而变化。

它强调，现实中并没有一成不变的最佳实践，而是要根据组织的内外部条件，灵活选择最适合的管理策略和组织结构。

权变理论的核心在于环境适应性，它要求组织能够敏锐地感知外部环境的变化，例如市场趋势、技术发展、法律法规和竞争格局，并相应地调整其战略、结构和流程。同时，组织也需要考虑内部条件，例如组织自身的资源、能力、文化和价值观。

在权变理论的框架下，领导风格和管理方法应根据情境的不同而灵活变化。这包括领导者的能力、下属的成熟度、任务的性质和组织的氛围等。有效的领导应该是对情境敏感的，领导者应根据不同的情境选择最合适的领导风格。

（二）组织变革理论

组织变革是一种有意识的努力，旨在通过调整组织的结构、文化、流程、策略或技术，以适应不断变化的外部环境和内部需求，从而提高组织的效率和绩效。这一过程通常遵循库尔特·卢因（Kurt Lewin）的三阶段模型，即解冻、变革和再冻结阶段。

解冻阶段是变革的启动阶段，其目的是打破现状，创造变革的需求和动机。这可以通过识别和放大组织当前的问题或潜在的危机来实现，使组织成员意识到现有状态的局限性和变革的必要性。解冻阶段还要提前调整组织成员的心理和态度，使他们愿意接受即将发生的变化。

变革阶段是实施具体变革措施的时期。这一阶段可能涉及组织结构的重组、流程的优化、文化的重塑或技术的升级。变革的实施需要详细的规划、强有力的领导和充分的资源支持。此外，有效的沟通、培训和激励机制也是推动变革成功的关键因素。

再冻结阶段的目标是巩固变革成果，确保新的状态成为常态。这包括建立新的规则和规范，以及持续的监督和反馈机制，以防止回到旧的习惯和模式。再冻结阶段需要组织成员认同和接受新的状态，并有持续改进的追求。

（三）业务流程再造理论

业务流程再造（Business Process Reengineering，BPR）是一种激进的方法，旨在通过彻底重新设计业务流程以显著提高绩效指标，例如成本、质量、服务和速度。BPR 的核心思想是打破传统的职能边界，从客户的角度重构业务流程，简化不必要的步骤，优化工作流程，利用现代信息技术实现流程自动化。

BPR 的核心原则包括但不限于以客户为中心，确保流程设计直接响应客户需求；利用信息技术赋能流程，实现自动化和实时监控；跨部门协作，打破组织壁垒，促进信息共享；持续改进，将 BPR 视为一个持续的过程，而不是一个一次性的项目。

尽管 BPR 的潜力巨大，但其实施也面临诸多挑战，包括组织文化的抵制、技能差距、高昂的初始成本和变革管理的复杂性。成功的 BPR 项目需要公司高层领导的坚定信心、详细的规划、有效的沟通和员工的全面参与。

（四）创新扩散理论

创新扩散理论描述了新观念、产品或实践在一个社会系统中被采用和传播的过程。这一理论由埃弗里特·M. 罗杰斯（Everett M. Rogers）在 20 世纪 60 年代提出，已成为理解技术创新、社会变革和市场营销等领域的重要理论基础。

创新扩散通常包括知晓（Awareness）、兴趣（Interest）、评估（Evaluation）、试验（Trial）和采纳（Adoption）5 个阶段。每个阶段都需要克服特定的障碍，例如认知障碍、试错成本和心理抵抗。最终，当足够多的个体或组织采纳创新时，就会形成所谓的"拐点"，此时创新开始加速传播，直至到达饱和点。

创新扩散受多种因素的影响，包括创新的特性（例如相对优势、兼容性、复杂性、可试验性和可观察性）、传播渠道的有效性、社会系统的结构和时间因素。此外，早期采纳者和意见领袖在创新扩散中扮演关键角色，他们的积极评价和示范作用可以显著加快创新的传播速度。

第二章

系统认识 ——
数字化转型概述

▶▶ 第一节　数字化转型的内涵

数字化转型是一个涉及技术、组织和战略等方面深刻变革的复杂过程，它要求企业从技术应用入手，逐步深入组织流程的优化和战略方向的调整，最终实现整体竞争力的提升。在这个过程中，企业需要不断探索适合自身特点的数字化转型路径，把握数字化带来的机遇，应对挑战，确保在数字经济时代持续发展和成长。

（一）技术视角下的转型之路

一是基础技术应用。 在数字化转型的初步阶段，中小企业首先通过采用基础信息技术，例如计算机辅助设计（Computer-Aided Design，CAD）、计算机辅助制造（Computer-Aided Manufacturing，CAM）及管理信息系统（Management Information System，MIS）等，将原本依赖人工的重复性工作自动化。这不仅能够显著提升工作效率，还可以减少人为错误，为企业节省大量成本。这一阶段是企业迈向数字化的基石，为后续的网络化和信息化奠定坚实的基础。

二是信息化与网络化的深度融合。 随着业务流程信息化的推进，企业开始广泛使用计算机和互联网，构建内部通信网络，例如开通电子邮件系统，鼓励员工利用网络信息技术进行生产、运营和管理。这标志着企业进入了网络化建设的初级阶段。在此过程中，企业会梳理整个业务流程，引入供应链管理（Supply Chain Management, SCM）系统等现代化工具，以期建立更高效、透明的管理模式，进一步打破"信息孤岛"，促进信息的自由流通。

三是数字技术引领的变革。信息技术（Information Technology，IT）尤其是大数据、云计算、物联网和人工智能等前沿技术，成为推动企业变革的核心力量。这些技术不仅会改变企业的运营模式和价值创造方式，还会催生全新的商业模式。例如，企业可以通过大数据分析，洞察消费者行为，进行精准营销；利用云计算可实现资源的弹性扩展，降低 IT 成本；借助物联网技术可实现设备的远程监控与维护，提高生产效率。数字技术的应用，让企业能够更加灵活地应对市场变化，提升市场竞争力。

（二）组织行为视角下的转型实践

一是流程与组织结构的深度变革。数字化转型不仅是技术层面的升级，更是企业内部流程和组织结构的重塑。随着引入数字技术，企业需要对其原有的业务流程进行重新设计，简化冗余环节，提高流程效率。同时，组织结构也需要适应数字环境，变得更加扁平化和网络化，以便快速传递信息和高效执行决策。此外，数字化转型还促进了企业文化的转变，强调创新、协作和持续学习，使企业适应快速变化的市场环境。

二是业务流程的全面优化。在生产、研发和供应链管理等关键环节，数字技术的应用带来了前所未有的机遇。例如，通过智能生产线，企业可以实现定制化生产，满足个性化需求；借助虚拟现实（Virtual Reality，VR）和增强现实（Augmented Reality，AR）技术，研发团队能够远程协同，加速新产品的开发周期；利用供应链可视化平台，企业可以实时监控物流的状态，预测潜在的风险，确保供应链的稳定性和灵活性。

三是快速响应市场的敏捷组织。在数字化转型的浪潮中，构建敏捷组织是企业的一项核心任务。这意味着企业需要具备快速学习和适应的能力，能够迅速响应市场的变化，抓住机遇，应对挑战。这不仅要求企业拥有灵活的组织结构和高效的决策机制，还意味着企业文化需要倡导创新精神和开放性思维，鼓励员工主动学习新技能，拥抱变革。

（三）战略视角下的转型战略

一是商业模式的创新与重塑。数字化转型对企业而言，既是机遇也是挑战。一方面，数字技术提供了前所未有的创新空间，企业可以利用大数据、云计算等技术，开发新的产品和服务，开拓全新的市场领域；另一方面，数字化也带来了激烈的竞争，促使企业不断创新，以保持竞争优势。因此，企业需要将数字化转型视为一次战略调整，通过商业模式的创新与重塑，寻找差异化的发展路径。

二是战略转型与市场定位。从战略视角来看，数字化转型被视为企业整体战略的一部分，其目标是提升企业整体绩效和市场影响力。这意味着企业不仅要关注技术的应用，还要从更宏观的层面思考如何通过数字化手段，优化资源配置，提升运营效率，强化品牌影响力。同时，企业还需要重新审视自身的市场定位，明确在数字时代的竞争优势，制订相应的战略规划，确保可持续发展。

三是构建可持续竞争优势。在数字化转型的过程中，企业面临的最大挑战之一是如何构建和维持可持续的竞争优势。这不仅涉及技术的领先，还包括对市场趋势的敏锐洞察，以及对消费者需求的精准把握。企业需要通过持续创新，提供独特的产品和服务，满足消费者日益多样化的需求。同时，企业还需要注重数据安全和隐私保护，以赢得消费者的信任，建立良好的品牌形象。在数字时代，企业间的竞争已经从单一的产品或服务转向了整个生态系统的竞争，因此，构建开放合作的生态系统，与合作伙伴共同创造价值，成为构建可持续竞争优势的关键。

▶ 第二节　中小企业数字化转型的特征

中小企业在数字化转型中面临的挑战主要包括资源限制、技术能力不足、风险承受能力低和可能需要更长的时间来实现规模化的效益。然而，中小企业也有其独特的优势，例如决策速度快、组织结构扁平，这使其在某些情况下能更灵活地适应数字化转型。中小企业在数字化转型的过程中，主要表现出以下 5 个特征。

（1）资源有限，需求迫切

中小企业通常面临资金和资源有限的挑战。然而，随着市场竞争的加剧和消费者需求的不断变化，中小企业对数字化转型的需求越来越迫切，希望通过数字化转型来提高其运营效率、降低成本和增强市场竞争力。因此，中小企业在数字化转型过程中需要更加注重投入产出比。

（2）灵活性高，适应性强

中小企业的灵活性在数字化转型过程中得到充分体现。中小企业能够更快地适应新技术和新模式的变化，并灵活地进行调整和优化。这种灵活性使中小企业在数字化转型过程中能够更好地把握市场机遇和应对挑战。

（3）创新能力强，敢于尝试

中小企业的经营者通常具有较高的创新意识和创新能力。在数字化转型过程中，中小企业敢于尝试新技术、新模式和新方法，从而推动企业的创新和发展。这种创新能力是中小企业在数字化转型过程中取得成功的关键因素之一。

（4）注重实效，追求价值

中小企业在数字化转型过程中更加注重实效和价值。中小企业希望通过数字化转型实现实际的业务增长和盈利能力的提升。因此，在数字化转型过程中，中小企业会更加关注数字技术的应用效果和价值创造能力，优先选择那些能够带来实际效益的数字技术和解决方案。

（5）依赖外部支持，加强合作

中小企业在数字化转型过程中通常需要依赖外部的支持。中小企业需要政府政策的扶持、金融机构的融资支持及产业链上下游合作伙伴的支持。通过加强合作和资源共享，中小企业可以更快地推进数字化转型进程并降低转型风险。

▶▶ 第三节　数字化转型的系统框架

数字化转型的系统框架是一个全面的指南，它涵盖战略与愿景、技术与平台、业务与运营、数据与分析、文化与人才、变革管理、风险与合规、评估与优化和利益相关者管理等多个方面。组织在实施数字化转型时，应综合考虑这些因素，并制定适合自身情况的转型策略，以实现可持续的业务增长和竞争力提升。

（一）战略与愿景

数字化转型愿景是数字化转型的起点，涉及对未来的构想和预期成果的设定。愿景应当清晰地表达出组织希望实现的目标，例如提升客户体验、优化运营效率或创新商业模式。愿景的制定需要深入分析行业趋势、技术发展、客户需求和组织自身的战略定位，确保转型方向与组织的整体目标一致。

组织需要基于愿景制定详细的数字化战略，包括短期和长期目标、关键绩效指标、资源需求、风险评估和时间表。战略规划应考虑技术的可行性、市场潜力、财务预算、组织文化和人才储备，确保转型措施切实可行，同时能够应对不确定性。

（二）技术与平台

数字化转型的核心在于技术的采用和升级。例如通过云计算、大数据、物联网、人工智能等前沿技术的部署，以支持数据的收集、存储、处理和分析。组织需要评估现有 IT 基础设施的现状，确定升级或替代方案，确保技术架构能够支撑业务需求的增长。

除了技术基础设施，组织还需要构建或优化数字平台，作为各种数字应用和服务的集成点，例如数据平台、应用平台和分析平台，它们共同构成数字化转型的基石，提供标准化接口、数据治理和安全控制，确保技术组件之间的互联互通和高效协作。

（三）业务与运营

数字化转型的最终目的是提高业务效率，为客户创造价值。组织需要识别关键业务场景，例如客户服务、供应链管理和产品开发等，评估数字化如何改进这些场景。通过优化数字化作业、交易、运营和办公流程，组织可以显著提高业务的响应速度和管理者的决策质量。

为了使数字化转型的效益最大化，组织往往需要对现有的业务流程进行根本改造。这可能涉及流程的简化、自动化和智能化，以减少人为干预，提高流程的透明度和可控性。流程再造应以客户体验为中心，确保每一步都为最终客户创造价值。

（四）数据与分析

数据是数字化转型的生命线，良好的数据治理是成功的关键。这包括数据的质量控制、安全性保障、隐私保护和合规性管理。组织需要建立一套数据管理制度，明确数据的生命周期管理规则，确保数据的准确性和可用性。

通过大数据和人工智能技术，组织可以进行深度的数据分析，发现隐藏的模式和趋势，支持决策制定。智能决策能够帮助组织快速响应市场变化，预测潜在风险，优化资源配置，实现基于数据的精细化运营。

（五）文化与人才

数字化转型不仅是技术的变革，更是文化的重塑。组织需要培养一种开放、创新、协作和敏捷的文化，鼓励员工拥抱变化，勇于尝试新事物。文化变革可以通过领导力示范、内部培训、激励机制和团队建设活动来推动。

数字化转型对人才提出了新的要求。组织需要吸引和培养具备数字技能的专业人才，同时也需要提升现有员工的数字素养。人才发展策略应包括技能培训、职业规划、绩效考核和激励政策等，确保人力资源与数字化转型的需求相匹配。

（六）变革管理

数字化转型是一个复杂的过程，需要精心设计和执行变革项目。项目管理应遵循敏捷方法论，采用迭代开发、快速原型和持续反馈等方式，确保项目的顺利推进。同时，项目团队需要与利益相关者保持紧密沟通，获得他们的支持和参与。

数字化转型不是一个一次性项目，而是一个持续的过程。组织需要建立一套反馈和优化机制，定期评估转型效果，根据市场和技术的变化调整策略和行动。持续迭代能够确保组织在不断变化的环境中保持竞争力。

（七）风险与合规

数字化转型伴随着多种风险，包括技术风险、操作风险、财务风险和合规风险。组织需要识别潜在的风险点，制定相应的预防和应对措施，建立风险管理体系，确保转型过程的安全和合规。

在数字化转型过程中，组织必须遵守相关的法律法规，例如《中华人民共和国数据安全法》《中华人民共和国个人信息保护法》和相关行业标准。合规性要求组织在设计和实施数字化方案时，应充分考虑法律法规和伦理道德约束，确保所有活动合法合规。

（八）评估与优化

为了衡量数字化转型的效果，组织需要定义一系列关键绩效指标（Key Performance Index，KPI），涵盖财务、运营、客户满意度和技术成熟度等多个维度。定期监测和分析 KPI，组织可以及时发现转型过程中的问题和潜在机会，为决策提供数据支持。

基于绩效反馈，组织应持续优化数字化转型的策略和措施。这包括技术升级、流程改进、人才调整或战略微调。迭代优化是一个闭环的过程，旨在不断提高数字化转型的效率和效果。

（九）利益相关者管理

数字化转型涉及多个内外部利益相关者，包括客户、员工、供应商、投资者和监管机构。组织需要与这些利益相关者保持密切沟通，分享转型进展，获取反馈，解决疑虑，确保他们的支持和参与。

在数字化转型的背景下，组织应与利益相关者共同创造价值，建立共赢的生态系统。这包括与客户共同开发新产品，与供应商共享数据以优化供应链，或与行业伙伴合作探索新兴市场。价值共创能够增强组织的市场影响力，促进可持续发展。

动力来源 ——
数字化转型的内外因

企业数字化转型的驱动力可以分为外因和内因两类，这两类因素相互作用，共同驱动企业进行数字化转型。

▶ 第一节　外在驱动力

驱动企业进行数字化转型的外因是指来自企业外部环境，推动或促使企业进行数字化转型的各种因素。虽然这些外因通常不受企业直接控制，但对企业的决策和行动会产生重要影响。驱动企业进行数字化转型的外因主要有以下 3 个方面。

（1）科技革命的强力推手

21 世纪以来，全球科技领域经历了前所未有的创新热潮。数字技术的交叉融合与开源开放，尤其是网络、计算和感知三大领域的技术迭代，与大数据的爆发式增长相辅相成，推动了 5G、物联网、人工智能、区块链和量子信息等新一代信息技术的革新与突破。这些技术不仅在信息通信、智能制造、先进材料、智能机器人和无人驾驶汽车等领域催生了一系列新技术、新产品，也带来了网络化协同、智能化生产、个性化定制、服务化延伸等新业态。例如，物联网技术使制造业的设备互联成为可能，人工智能提升了数据分析的深度和精度，5G 技术加速了数据传输的速度，是实时监控和远程操作的基础。这些技术进步使传统产业和实体企业不得不加速数字化、网络化和智能化的转型升级，以维持竞争力。

（2）市场环境的深刻变革

互联网头部企业的崛起彻底改变了传统的商业模式，线上购物的便利性使线下实体店面临巨大挑战，共享经济模式以租赁替代购买，压缩了传统市场的容量；互联网金融则对传统银行业务模式构成了冲击。数字化、信息化的商业模式通过优化场景和流程再造，实现了生产关系与盈利模式的变革，提升了市场效率。以电商领域为例，阿里巴巴、京东等电商平台的兴起，让消费者能够轻松比较不同商家产品的价格，同时也为企业提供了更广阔的市场和更高效的供应链管理。此外，随着远程办公和在线教育需求的激增，促使企业加速采用云服务和协作工具，以确保业务的连续性和高效的团队协作。市场环境的变化进一步加速了企业对数字化转型的需求，线上办公、远程教育、无人零售、智能工厂等数字化应用场景越来越普遍，颠覆了传统行业运行的基本逻辑。

（3）政策的引导与扶持

政策的引导与扶持是推动中小企业数字化转型不可或缺的一环。我国高度重视数字经济的发展，自 2017 年起，"数字经济"多次被纳入国家政策，《中华人民共和国国民经济和社会发展第十四个五年规划和 2035 年远景目标纲要》（以下简称"十四五"规划）中，"加快数字化发展，建设数字中国"上升为国家层面的战略目标，彰显了国家对数字化转型的高度重视与决心。为加速各行业数字化进程，帮助中小微企业克服转型难关，国家发展和改革委员会、工业和信息化部等十七部门于 2020 年 5 月联合发起"数字化转型伙伴行动"，旨在通过政府引导与市场机制相结合的方式，为中小微企业提供全方位的数字化转型服务。地方政府积极响应，推出一系列政策措施，构建数字化生态共同体，特别是针对中小微企业面临的"不愿转、不会转、不能转"问题，采取措施以降低转型的门槛，缩短转型的周期，提高转型的成功率。例如，设立专项基金，提供技术培训和咨询服务，搭建公共技术服务平台等，为中小企业数字化转型创造了有利条件。

▶▶ 第二节　内在驱动力

驱动企业进行数字化转型的内因是指来自企业内部，推动企业主动进行数字化转型的各种因素。这些内因通常与企业的发展战略、运营需求和竞争态势等密切相关。驱动企业进行数字化转型的内因主要有以下 3 个方面。

（1）制造业发展的新趋势

制造业的数字化、网络化和智能化转型早在 2015 年就被提上国家战略层面。制造业在数字化、网络化和智能化方面的创新驱动发展表明我国制造业步入后工业化时期。从智能制造、智慧工厂到工业物联网、数字孪生，每一步都指向了制造业全面的数字化转型。具体而言，工业物联网技术使设备与设备、设备与人之间可以实现互联互通，数字孪生技术则通过虚拟模型来模拟和优化物理世界，提高了生产效率和产品质量。

（2）企业用户需求的深刻转变

"互联网 +"的深度融合极大地丰富了消费者的购物体验，新零售、新服务平台的兴起增强了企业与用户的互动，拓宽了消费渠道，提升了服务品质。消费者的选择面更广泛，个性化需求被持续激发。为了满足消费者从"能用"到"好用"的更高期待，企业必须提供设计精美、性能卓越、价格合理、易于获取的个性化商品和服务，这无疑加大了市场竞争的难度。例如，消费者可以通过社交媒体、在线论坛和评价系统获取关于产品的详细信息和用户反馈，促使企业更加注重产品和服务的质量与用户体验。为了满足用户的个性化需求，企业必须通过数字化转型，借助大数据和人工智能技术，实现从"你提供什么，我要什么"到"你要什么，我提供什么"的转变，即从被动响应到主动预测和满足。这种转变需要企业收集和分析大量的用户数据，以了解用户的偏好和行为模式，从而提供更加个性化的产品和服务。

（3）企业要素结构效率的显著提升

在传统模式下，生产要素（例如材料、设备、资金和流程等）往往呈现分散、无序、重叠的状态，缺乏系统性的整合，导致企业运营效率低下。在数字时代，生产要素的数字化重塑了这一局面，形成了有机统一的体系，大幅提升了企业运营效率。例如，云计算技术使企业可以按需使用计算资源，减少了硬件投资和维护成本；大数据分析技术帮助企业从海量的数据中挖掘出有价值的信息，优化决策过程；人工智能技术则通过自动化和智能化，提高了生产效率和产品质量。据统计，数字化转型使制造业企业的成本降低17.6%，营业收入增长 22.6%；物流服务业企业的成本降低 34.2%，营业收入增长 33.6%。这一系列数据表明，通过架构调整、组织变革、产品创新、价值创造、营销策略、生产制造和运营体系等全链条的数字化重塑，企业能够实现从传统生产要素到以数据为中心的生产要素的转变，从而实现商业模式和业务模式的创新，最终优化企业效率和成本结构。

企业数字化转型的动因，无论是外在的科技革命、市场环境变革和政府政策引导，还是内在的制造业发展趋势、用户需求转变和企业效率提升的迫切需要，都共同构成了推动企业进行数字化转型的强大动力。面对数字化转型的历史性机遇与挑战，中小企业应充分利用国家政策红利，抓住科技革命的浪潮，紧跟市场变化趋势，主动拥抱数字化，通过创新驱动实现企业的转型升级，以适应数字经济时代的发展要求。政府和社会各界也应继续完善数字化转型的政策框架，提供技术和财政支持，构建有利于中小企业数字化转型的良好生态环境，共同推动我国制造业乃至整个经济体系向更加智能化、绿色化和服务化的方向迈进。

驱动模式 ——
数字化转型的主导方式

数字化转型作为全球范围内推动经济结构优化、提升公共服务质量、增强社会治理效能的关键路径，其推进模式的选择与实施对于实现转型目标至关重要。在这一进程中，政府和市场各自扮演至关重要的角色，形成了以政府为主导和"政府＋市场"相结合的两种不同的推进模式。

▶ 第一节 行政化主导驱动模式

行政化主导中小企业数字化转型的驱动模式，主要是在宏观战略上由行政主管部门制定中小企业数字化转型发展战略，在财政补贴、搭建平台、打造服务体系和基础设施建设方面综合施策，以此降低企业数字化转型的软硬件使用成本，并通过提供技术支撑、人才供给推动中小企业的数字化转型。行政化主动驱动模式如图4-1所示。

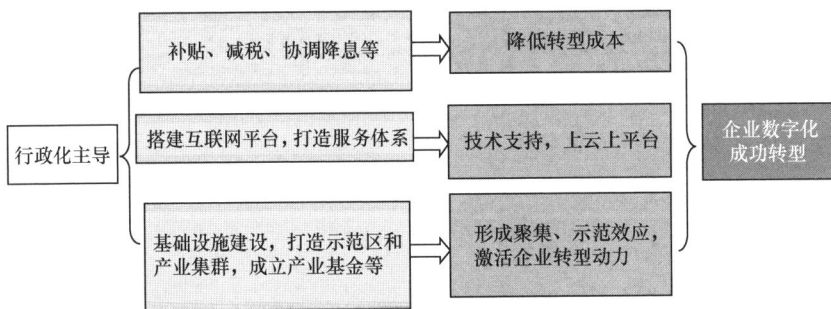

图4-1　行政化主动驱动模式

（一）特征与优势

行政化主导的数字化转型模式强调国家或地方政府在转型过程中的核心地位，通过制订顶层规划、提供资金支持、构建基础设施、出台法律法规等方式，推动数字化转型的全面实施。这种模式具有以下4个方面的优势。

一是统一规划与协调。 政府能够从宏观层面规划数字化转型的战略方向，确保各个部门和区域的数字化进程相互协调，避免重复建设和资源浪费。通过统一规划，政府可以识别并填补数字基础设施的空缺，确保全国范围内的连通性和数字化服务的普及性。

二是大规模基础设施建设。 政府有能力投入大量资金用于建设宽带网络、数据中心和云计算平台等数字基础设施，为全社会的数字化转型奠定坚实的基础。数字基础设施的建设和升级需要长期稳定的资金投入和专业规划，这也正是政府的优势。

三是法律法规与标准制定。 政府通过制定相关的法律法规和行业标准，为数字化转型提供规范指引，保护公民隐私，确保数据安全，营造公平竞争的市场环境。数据安全和隐私保护是数字时代的核心议题，政府通过立法和监管，可以平衡数字化发展带来的便利与个人权利保护之间的关系。

四是公共服务优化。 政府可以利用数字化手段改进公共服务的效率和质量，实现政务公开透明，提升人民群众的满意度。数字化公共服务不仅提高了政府的工作效率，还提升了人民群众的参与度，促进了社会的包容性和公平性。

（二）实施策略

一是制定数字化战略与规划。 政府应根据国家或地区的实际情况，制定长远的数字化发展战略，并细化为可执行的行动计划。这包括确定优先发展的领域、设定阶段性目标、分配资源和责任等。

二是构建数字基础设施。 投资高速网络、数据中心、云计算等基础设施，为数字化转型提供必要的硬件支持。政府可以采取多种模式，吸引部分私营组织和个人投资，共同建设数字基础设施。

三是出台支持政策与法律法规。通过税收优惠、资金补贴、研发资助等方式鼓励企业和个人参与数字化转型，同时制定和完善相关法律法规，确保企业数字化转型过程中的数据安全和个人隐私保护。政策制定者还需要关注数字技能的培训，确保劳动力能够适应数字经济的要求。

四是推动公共服务数字化。利用数字技术提高政府服务的水平，例如电子政务、在线审批、远程医疗和智能交通等，从而提升公共服务的效率和质量。公共服务数字化还可以促进跨部门合作，打破"信息孤岛"，实现数据共享和业务协同。

（三）案例分析：数字政府建设

数字政府建设是在全球数字化浪潮的大背景下，结合我国国情和治理需求，提出并实施的一项重要的国家战略。

21 世纪初，随着互联网、移动通信、大数据、云计算和人工智能等信息技术的飞速发展，全球进入了信息化社会，数字化转型成为推动经济社会发展的关键力量。世界各国纷纷认识到数字技术在提升政府效能、促进公共服务创新、增强社会治理能力等方面的重要作用，纷纷启动了各自的数字政府或电子政务计划。我国从最初的"金卡工程""金关工程"等重大项目，到"十五""十一五""十二五"期间的"两化"融合（信息化与工业化融合），再到"十三五"期间的"互联网+"行动计划，我国的信息化建设取得了显著成就，为数字政府建设奠定了坚实的基础。

2015 年，国务院印发《关于积极推进"互联网+"行动的指导意见》，提出了"互联网+"行动计划，其中包括"互联网+政务服务"。2017 年，政府工作报告中首次提出"数字经济"，并强调要加快培育壮大数字经济。2021年发布的"十四五"规划中，明确将"加快数字化发展，建设数字中国"列为国家重大战略任务，提出要全面提升建设数字政府的水平，推动政府治理流程再造和模式优化，不断提高决策的科学性和服务效率。政府主导的数字化转型在我国得到了全面实践，取得了以下 4 个方面的经验。

一是顶层规划与政策支持。国家层面制定了"十四五"规划，地方各级政府也出台了相应的政策措施，为数字化转型提供了政策保障。这些政策涵盖数字基础设施建设、数字产业化、产业数字化和数字化治理等方面。

二是数字基础设施建设。全国范围内加速推进 5G 网络、数据中心等基础设施建设，为数字化转型提供坚实的网络支撑。截至 2022 年年底，我国已建成全球最大的 5G 网络，覆盖全国所有地级以上城市。

三是政务服务数字化。推广"最多跑一次""一网通办"等改革举措，实现在线办理政务服务事项，提升政府服务的效率和透明度。这些措施极大地简化了行政手续，提高了公众满意度。

四是数据共享与开放。构建全国一体化的政务服务平台，推动跨部门、跨层级的数据共享，促进政府决策科学化。数据共享平台的建设，打破了信息壁垒，促进了数据资源的有效利用。

▶ 第二节　"政府＋市场"相结合驱动模式

"政府＋市场"相结合的传导机制，在宏观机制上主要由政府来完善基础设施建设、优化营商环境、提供财政支持、保护知识产权等；在微观机制上则主要依靠市场化手段，充分发挥市场趋利性，通过"政府＋市场"共同打造示范区、产业集群、搭建服务体系和互联网平台等方式，有效解决转型中的难点和痛点，推动中小企业数字化成功转型。"政府＋市场"相结合模式如图 4-2 所示。

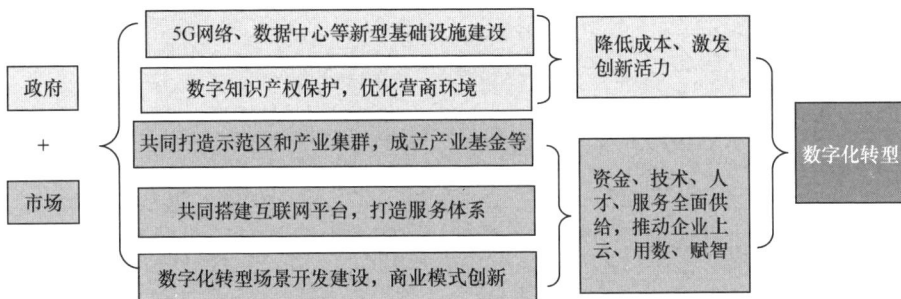

图 4-2 "政府 + 市场"相结合模式

（一）特征与优势

"政府 + 市场"相结合的数字化转型模式主张政府与市场力量的有机结合，政府负责提供必要的政策框架、基础设施和公共服务，而市场则在资源配置、技术创新和应用推广中发挥决定性作用。这种模式具有以下 4 个方面的优势。

一是灵活高效。市场机制能够更有效地配置资源，推动技术创新和应用，加速数字化转型的进程。市场竞争促进了技术的快速迭代和创新，使数字化解决方案能够被更快速地推向市场。

二是激发创新活力。企业、科研机构和创业者在市场驱动下，积极探索数字化解决方案，促进新业务模式的诞生。市场机制下的竞争和合作，激发了企业创新的热情，推动了数字技术的广泛应用。

三是增强竞争力。通过市场竞争，企业筛选出最有效的数字技术和应用，从而提升整个经济体的竞争力。市场机制能够识别和奖励能够提高生产效率、降低成本、创造新价值的数字技术。

四是促进社会包容性。市场机制有助于形成多元化、多层次的数字服务供给，满足不同群体的需求。通过市场机制，数字服务可以更加贴近市场需求，实现个性化和定制化。

（二）实施策略

一是营造创新友好的市场环境。 政府应通过减税降费、知识产权保护、创新基金等手段，激发市场主体的创新活力。创新友好的市场环境能够吸引更多投资，促进数字技术的研发和应用。

二是推动公私合作。 政府与企业、高校、科研机构等主体开展合作，共建共享数字基础设施，共同探索数字化转型的最佳实践。公私合作能够集合政府和市场的资源，实现优势互补，加速数字化转型的进程。

三是促进数据开放与共享。 政府通过开放数据资源，鼓励企业和社会机构利用数据开发新的产品和服务，促进数据经济的发展。数据开放和共享促进了数据的再利用，创造了新的商业机会。

四是加强技能培训与教育。 政府应投资教育与培训，提高劳动力的数字素养，确保社会全体成员都能从数字化转型中受益。数字技能的提升对缩小"数字鸿沟"、促进社会公平具有重要的意义。

（三）案例分析：新加坡"智慧国"计划

新加坡在 2006 年已展现出对智慧城市发展的浓厚兴趣。2006 年，新加坡资讯通信发展管理局（Infocomm Development Authority，IDA）推出了为期 10 年的"智慧国 2015"资讯通信发展计划，这一计划提出在社会生活的各个层面采用智能化、便捷、环保的知识和智慧系统，旨在将新加坡建设成一个由现代通信驱动的智能化国家。

2014 年，随着"智慧国 2015"计划的成功实施，新加坡政府进一步推出了升级版的"智慧国2025"计划。这一计划是基于之前"智能城市2015"计划实施的成功经验和成果，旨在通过构建"智慧国平台"，建设覆盖全国的数据收集、连接和分析的基础设施与操作系统，根据所获得的数据，预测公民需求，以提供更好的公共服务。"智慧国2025"计划的愿景是将新加坡建设成为一个智能、连接和创新的社会。其中，智能是指运用数据分析和物联网技术来解决复杂的城市挑战；连接是指建设全面的高速网络，确保每个人都能无缝接入信息和服务；创新是指鼓励企业和个人开发新技术和业务模式。该计划强调以下4个方面的内容。

一是政府与企业合作。 政府与企业合作，共同开发智能解决方案，例如智能交通系统、智能电网和健康管理系统等。这种合作模式促进了合作双方在技术研发和应用上的协同，提高了解决方案的适用性和创新性。

二是用数据驱动决策。 政府开放数据，鼓励企业利用数据创新，推动数据驱动的决策和服务。新加坡的数据开放平台为各类组织提供了丰富的数据资源，促进了数据的再利用和创新。

三是提升数字技能。 政府投资教育和培训，以提升全民的数字技能，确保劳动力适应数字时代的就业需求。新加坡的"技能未来"（Skills Future）计划旨在提升国民终身学习能力，它鼓励所有新加坡国民在职业生涯中持续学习和提升技能。

四是构建创新生态系统。 政府与企业、科研机构合作，构建创新生态系统，促进技术创新和应用的商业化。新加坡的创新生态系统包括孵化器、加速器、创业投资机构和研究实验室等多种元素，为初创企业和研究机构提供了丰富的资源和支持。

数字化转型的推进模式取决于国家或地区的具体情况和发展阶段。政府主导的模式适用于基础设施薄弱、市场机制尚不成熟的地区，通过集中资源快速推进企业数字化转型。而"政府＋市场"相结合的模式则更适合市场机制成熟、创新活力旺盛的地区，通过市场机制激发创新，加速数字化转型。无论采用哪种模式，都需要政府与市场、社会各方紧密合作，共同构建适应数字时代的治理体系，以提升社会福祉，实现可持续发展。

05

第五章

他山之石 ——
国内外企业数字化转型

随着科技高速发展和区域竞争的日益加剧，国外发达国家和地区都对数字化转型高度重视，无论是政府政策还是市场方面均已开始部署并实施企业数字化转型。

▶ 第一节　国外发达国家和地区的企业数字化转型

国外企业在数字化转型方面起步较早，积累了丰富的经验和成功案例。国外发达国家和地区已经开始启动全面的数字化转型，并在全球范围内推广其数字化转型解决方案。主要国外发达国家和地区数字化转型情况如下。

（一）欧盟——政府高度重视，政策重点扶持

（1）具体措施

① 政府高度重视，政策持续加持"数字欧洲"

自 2014 年起，欧盟委员会就把"创建单一数字市场"作为其十大政治优先事项之一，并对数字化转型给予了雄厚的资金支持。2018 年 6 月，欧盟委员会发布《投资未来：欧洲 2021—2027 数字化转型》的报告，计划在欧盟第九期研发框架即"地平线欧洲"期间，推出总预算为 92 亿欧元的"数字欧洲计划"，重点资助超级计算、人工智能、网络安全、提高数字技能和确保数字技术的广泛应用五大领域。欧盟委员会还充分利用欧洲地区发展基金，专门向中小企业提供市场所需的资金与技能支持，帮助它们进行智能化转型。

② 重点关注中小企业，注重可持续发展与能力提升

欧盟在"支撑平台、数字赋能、人才培养"3 个方面立体化地帮助中小企业进行数字化转型。通过设立评估指导、企业网络等多个平台为中小企业提供量身定制的转型能力提升服务。通过设置数字创新中心和提出数字欧洲

计划为中小企业提供技术支持和资金支持。通过扩大政府数据可访问性，促进企业和政府之间的数据流动，为中小企业使用数据和云平台提供有针对性的支持。通过数字知识速成课程，帮助传统企业有针对性地提升数字能力，提高数字技能，加强商业平台运作经验，跨越"数字鸿沟"。

③ 着力减轻中小企业数字化负担，鼓励市场公平竞争

在制度和法律层面，推出"只需报一次"和"默认数字化"原则，减少行政审批流程并增加中小企业话语权。在公共采购中向中小企业提供机会，增加合同数量，扩大采购规模，通过数字平台增加中小企业参与跨境公共采购竞标的机会。在贸易和投资领域，欧盟利用数字平台帮助中小企业对接国际市场，并在与别国的贸易和投资协定谈判中要求对方降低阻碍中小企业的贸易壁垒，增加中小企业公平竞争的市场机会。

④ 改善企业投融资渠道，降低融资难度和成本

在风险投资方面，欧盟委员会尝试使用与私营部门分担风险的新方式，以吸引私人投资，为处于不同发展阶段的企业提供多样化的资金来源。在创造环境融资方面，欧盟审查了欧盟成员国的援助规则，根据这些规则，欧盟及其成员国可以对中小企业的风险投资提供更大的支持。欧盟还通过创建独立的综合担保机制，涵盖创新型、文化创意型、可持续发展模式及开展数字化活动的中小企业等，撬动从国家到私人的多层面投资。

（2）转型成效

欧盟针对中小企业的一系列数字化转型政策和举措，已经在多个层面上产生了显著效果，这不仅推动了中小企业的发展，也促进了整个欧洲的数字化进程和经济复苏。以下是欧盟数字化转型在不同维度取得的成效。

① 加强中小企业数字化能力

欧盟通过设立评估指导、企业网络、数字创新中心和数字欧洲计划等平

台，为中小企业提供了量身定制的转型服务和技术支持。这些平台不仅帮助企业评估其数字化水平，还提供了从技术支持到资金援助的全方位服务，有效降低了中小企业数字化转型的门槛。例如，"数字志愿者"项目通过专家团队直接介入，帮助中小企业解决数字化过程中的具体问题，显著提升了企业的数字技术应用能力和市场竞争力。

② 促进数据共享与利用

欧盟通过扩大政府数据的可访问性，促进了企业和政府之间的数据流动，为中小企业提供了宝贵的市场分析和运营数据。这不仅有助于中小企业更好地了解市场需求，还能进一步优化业务流程，提高决策的精准度。此外，欧盟颁布的《通用数据保护条例》（GDPR），在保护个人隐私的同时，也为企业提供了清晰的数据使用规则，增强了消费者对数据共享的信任。

③ 改善中小企业营商环境

欧盟推出的"只需报一次"和"默认数字化"原则，简化了行政程序，降低了中小企业在数字化转型过程中的合规成本。在公共采购中给予中小企业更多的机会，通过数字平台促进跨境采购，为中小企业开辟了更广阔的市场空间。在贸易和投资领域，欧盟通过数字平台帮助中小企业对接国际市场，同时，在贸易谈判中争取有利于中小企业的条款，降低了跨国经营的障碍。

④ 拓宽中小企业融资渠道

欧盟通过"投资欧洲"（Invest EU）项目和其他融资机制，为中小企业提供了多元化的资金来源。特别是通过与私营部门合作，分担风险，吸引了更多私人投资进入中小企业。此外，欧盟对国家援助规则的审查，为中小企业提供了更多的政策支持和融资便利。这些举措有效缓解了中小企业在数字化转型过程中的资金压力，降低了融资成本，为企业的持续创新和扩张提供了坚实的财务基础。

通过实施上述政策，欧盟成功地帮助中小企业克服了数字化转型过程中的诸多挑战，显著提升了企业的市场竞争力。数字平台不仅让中小企业能够更好地适应市场变化，还为其开拓了新的商业模式和收入来源，中小企业能够更有效地触达全球客户，并利用数据分析优化产品和服务，提高运营效率，最终实现业务的快速增长。

（二）美国——技术标准引领，政府扶持和保护

（1）具体措施

① 完善技术及服务标准，规范企业级云计算应用市场

美国政府通过推动国家标准与技术研究院（National Institute of Standards and Technology，NIST）与多家大型云计算 IT 企业合作，针对云计算架构和分类、标准路线图、安全、商业应用案例等内容开展专题研究，加速行业规范和标准的制定，并对云计算服务涉及的市场准入、数据安全、服务标准等方面做出明确要求，推动政府尽快完善行业标准，规范云计算应用市场环境，引导行业健康规范发展。

② 政府率先采购云计算服务，对中小企业形成示范效应

美国政府每年在云计算采购上的支出大约是政府 IT 支出的四分之一，通过对大量公共部门信息系统实施云计算改造，培育云计算的应用市场，推动云计算生态系统和云计算产业链协调发展。

③ 提供网络安全与数据保护，提升网络安全能力

美国高度重视网络安全和数据保护，制定了一系列政策和标准，确保企业的数据和基础设施在数字化转型过程中免受网络攻击。美国政府通过立法，例如《网络安全法案》和《外国情报监视法》，加强对关键基础设施的保护，并对网络犯罪行为进行严厉打击。此外，美国联邦贸易委员会等机构对企业和个人的数据收集和使用行为进行监管，确保企业遵守公平的信息实践原则。为了进一步提升网络安全能力，美国政府还投资了网络安全技术研发，包括

加密技术、入侵检测系统和安全协议的开发。

④ 鼓励创新和创业，推动企业数字化转型

美国政府通过税收减免、研发补助和专利保护等激励措施，降低了企业创新的成本和风险。美国政府设立专项基金，例如国家科学基金会和小企业创新研究计划，为初创企业和中小企业提供研发资金。此外，美国还建立了一系列创新生态系统，包括硅谷、波士顿等高科技产业集群，这些集群聚集了大量的创新企业和研究机构，形成了良好的创新氛围和资源网络。

（2）转型成效

通过一系列前瞻性的政策和战略举措，美国数字化转型在多个领域产生了显著的效果，不仅推动了经济的持续增长，还提升了国家的整体竞争力。以下是美国数字化转型在不同维度取得的成效。

① 行业规范化与市场成熟度的提升

美国政府加速云计算行业标准的制定和完善，在云计算服务的市场准入、数据安全、服务标准等方面制定了明确的规范。这一举措极大地促进了云计算市场的健康发展，遏制了行业乱象，增强了用户对云计算服务的信任。标准化的推进不仅降低了企业进入市场的门槛，还促进了技术和服务的创新，扩大了云计算应用的深度和广度，为提升行业成熟度打下了坚实的基础。

② 政府引领与示范效应

美国政府在云计算采购上的大规模投入，不仅直接推动了云计算市场的繁荣，还对中小企业形成了重要的示范效应。政府通过将大量公共部门信息系统迁移到云端，展示了云计算在提升效率、降低成本和增强服务灵活性方面的巨大潜力。这种示范作用激发了更多企业，尤其是中小企业对云计算技术的兴趣和采纳，加速了云计算生态系统的形成和产业链的协同发展，为美国中小企业的数字化转型注入了强劲动力。

③ 网络安全与数据保护体系的强化

美国提升了国家整体的网络安全防御能力，为数字化转型提供了坚实的安全保障。

④ 创新与创业生态的繁荣

美国的创新与创业生态不仅催生了众多成功的科技企业，还推动了数字技术在各行业的广泛应用，加速了经济结构的优化升级。

⑤ 公共服务效率与体验的提升

美国政府在公共服务领域积极采用数字技术，特别是云计算和大数据分析，显著提升了公共服务的效率和用户体验。通过数字化转型，美国政府能够实现数据的集中管理与分析、优化决策流程，提高服务质量和响应速度。数字化公共服务的推广，例如在线申请、电子支付、远程咨询等，使公民能够更加便捷地获取政府服务。

通过在行业规范化、政府引领、网络安全与数据保护、创新与创业生态的构建，以及公共服务效率的提升等多个维度实施数字化转型战略，展现了美国数字化转型对其经济、社会和政府治理的深刻影响。美国的经验表明，政府在推动数字化转型中发挥着关键作用，通过制定前瞻性的政策、提供必要的资金支持和营造良好的创新环境，能够有效地促进企业进行数字化转型，激发社会创新活力，提升国家整体的竞争力和公民的生活质量。

（三）日本——打破行业垄断、强化统一管理

（1）具体措施

① 打破行业头部企业垄断，降低企业应用成本

由于日本三大移动通信运营商（NTT Docomo、SoftBank 和 AU）长期占据垄断地位，导致日本移动通信资费居高不下，三大通信公司的营业利润

高达20%。日本政府通过削减利润计划，对三大移动运营商不断施压，将日本的移动通信资费下调至与欧洲同等水平。新资费标准较原资费标准降低了45%～62%，大幅降低了企业和民众的应用成本。

②强化数字基础建设，实现全国网络覆盖

2019年6月，日本总务省颁布《ICT基础设施区域扩展总体规划》（以下简称"《规划》"），明确需要扩充的相应频谱，并从2019年开始推广5G专网。2020年，日本总务省再次修改《规划》，主要追加了两个方面内容：一方面，实行5G基站和5G专网投资促进税收制度并扩充频谱；另一方面，通过2020年年度预算拨给方式大幅扩充高度无线环境整备工作，从而加快了5G和光纤的铺设进度。

③设立统一管理机构，破除体制内部壁垒

通过设立数字化办公厅，制定基本方针，并明确指示数字化办公厅将牵引行政数字化转型。强调数字化办公厅是位于各省厅有关组织之上的"指挥"，着重解决现阶段暴露的行政手续迟延和部门间协调不足的问题，统一所有省厅系统和数据格式，加强省厅间、地方政府、自治体和行政机关之间的数据衔接，推进行政审批效率提升。

（2）转型成效

日本的数字化转型战略，通过打破行业垄断、强化数字基础设施建设和设立统一管理机构等关键举措，已在多个领域取得显著成效，不仅促进了经济的数字化升级，还提升了政府的服务效率和民众的生活质量。以下是日本数字化转型在不同维度取得的成效。

①降低企业成本，促进市场竞争

日本政府采取的一系列措施，不仅显著降低了企业成本，减轻了企业的财务负担，还促进了市场竞争，为新兴运营商和技术创新提供了更为宽松的市场环境。更低的移动通信资费促使更多企业采用数字技术，加速了日本整体的数字化进程。

② 强化数字基础设施，实现全国网络覆盖

这一系列措施极大地提升了日本的数字基础设施水平，为数字化转型提供了坚实的技术支撑。全国范围内的高速网络覆盖，不仅促进了信息的高效流通，还为远程工作、在线教育、智慧城市等新兴应用场景创造了条件。

③ 设立统一管理机构，优化行政服务

数字化办公厅承担了行政数字化转型的重任，加强了政府各部门之间的数据衔接和协调，提高了行政服务的效率和透明度，简化了民众和企业办理事务的流程。

④ 推动公共服务创新，提升社会福祉

数字化转型不仅提升了政府的服务效率，还促进了公共服务的创新。通过数字化手段，日本政府能够提供更加个性化和便捷化的公共服务，例如，在线预约、电子支付、远程医疗服务等，极大地提升了民众的生活便利性和社会福祉。此外，数字化转型还促进了教育资源的平等分配，通过在线教育平台，偏远地区的居民也能享受优质的教育资源。

⑤ 促进经济结构优化，增强国际竞争力

通过降低企业成本、强化基础设施和优化公共服务，促进了经济结构的优化升级。数字技术的应用，不仅提升了传统产业的效率，还催生了新业态和新模式，例如，电子商务、金融科技、智慧物流等，为经济增长注入了新活力。同时，日本在数字化转型的领先技术和经验，增强了其在全球数字经济中的竞争力，为其未来的发展奠定了坚实的基础。

日本的数字化转型战略，通过打破行业垄断、强化数字基础设施建设和设立统一管理机构等关键举措，有效推动了经济的数字化发展，提升了政府的服务效率，促进了社会福祉的提升，展示了数字化转型对国家整体竞争力的深刻影响。日本的经验揭示了市场化机制在数字化转型过程中扮演的关键角色。通过市场化机制的充分运用，可以有效降低数字化转型的成本，并激发转型的活力。政府作为政策资源的管理者，能够通过与市场化机制的协同运作，制定相应的法规和扶持政策，确保数字化转型所需的人力、资金和物资支持，从而降低交易成本。

（四）韩国——推动前沿技术应用，促进公共服务创新

（1）具体措施

① 新政引领，构建数字生态

韩国政府推出的"数字新政"是一系列旨在通过数字化和绿色转型，创造新的经济增长点的政策。该政策包括两个主要方面：一方面，建设先进的数字基础设施，包括扩展5G网络覆盖率和提升宽带速度，为企业的数字化转型提供坚实的网络支撑；另一方面，推动数字技术在各行各业的应用，特别是重点发展人工智能、区块链、虚拟现实和无人驾驶汽车等前沿技术。韩国政府还通过设立专项基金，为中小企业提供数字化转型的财政支持和技术咨询。

② 持续投资宽带和下一代网络技术，为企业提供先进的通信基础设施

韩国拥有全球领先的5G网络覆盖率，这为企业的数字化转型提供了高速率、低时延的网络环境。同时韩国还在积极研发6G技术，以保持其在网络通信领域的领先地位。此外，韩国政府还致力于建设全国范围的光纤网络，提高互联网接入的速度和稳定性。为了确保网络的安全，韩国还在网络安全法规和安全防护技术方面持续投入，包括建立国家级网络应急响应中心，以应对可能发生的网络攻击和数据泄露事件。

③ 加强产业发展指导，丰富云计算应用产品种类

韩国多个政府部门联合制定了《云计算全面振兴计划》，重点培育韩国的

云计算应用市场，并组建了由公共部门和云服务提供商共同参与的项目联盟，在开放源代码的环境中测试中小企业云计算应用产品，引导和帮助云计算服务商开发适合中小企业的云计算产品和商业模式。

④加大财政税收扶持力度，降低中小企业应用成本

为引导和推动中小企业采用云计算服务，韩国政府出台了一系列优惠政策措施，例如提出"云计算扩散和增强竞争力战略"，不仅为中小企业使用智能办公服务提供了财政补贴，并且给予企业最高1000万韩元的税费减免优惠。此外，韩国政府通过举办论坛、会议及出版《云计算使用成功案例集》等方式，引导中小企业转变观念，提高企业对云计算的认识。

（2）转型成效

韩国通过新政引领、持续投资宽带和下一代网络技术、加强产业发展指导，以及加大财政税收扶持力度等关键措施，已经在多个领域产生了显著的效果，不仅推动了其国内经济的数字化升级，还提升了国家的国际竞争力。以下是韩国数字化转型在不同维度取得的成效。

①构建先进的数字基础设施，奠定转型基石

韩国政府重点建设先进的数字基础设施，并致力于建设全国范围的光纤网络，进一步提高了互联网接入的速率和稳定性，为数字化转型提供了稳定可靠的网络基础设施。

②推动前沿技术应用，促进产业升级

韩国政府通过设立专项基金，推动数字技术在各行各业的应用，并重点发展人工智能、区块链、虚拟现实和无人驾驶汽车等前沿技术。这些举措不仅促进了新兴产业的崛起，还推动了传统产业的数字化升级，提升了产业的整体竞争力。例如，人工智能和大数据技术的应用，为制造业带来了智能化生产的变革；区块链技术的应用，为金融服务提供了更加安全和透明的解决方案。

③ 支持中小企业转型，激活创新活力

韩国政府推广和应用云计算服务，不仅提高了中小企业的运营效率，还促进了其业务模式的创新。提高中小企业对数字化转型的认识和接受度，为韩国经济的持续增长注入了新的动力。

④ 强化网络安全，保障数字化进程

韩国政府在推动数字化转型的同时，也高度重视网络安全，通过强化网络安全法规和安全防护技术，建立了国家级网络应急响应中心，有效应对可能发生的网络攻击和数据泄露事件。这一系列措施不仅保障了企业和个人数据的安全，还促进了数字化转型的顺利进行，增强了社会对数字技术的信心和认可。

⑤ 促进公共服务创新，提升社会福祉

韩国的数字化转型不仅推动了经济的发展，还促进了公共服务的创新。通过数字技术的应用，韩国政府能够提供更加高效、便捷的公共服务，例如在线政务、远程医疗和智慧教育等，极大地提升了民众的生活便利性和社会福祉。

韩国的数字化转型战略，通过建设先进的数字基础设施、推动前沿技术应用、支持中小企业转型、强化网络安全和促进公共服务创新等关键举措，有效推动了经济的数字化升级，提升了国家的国际竞争力，展示了数字化转型对社会经济发展的深刻影响。韩国的经验表明，政府在推动数字化转型中发挥着至关重要的作用，通过制定前瞻性的政策、提供必要的资金支持和构建高效的安全体系，能够有效促进数字技术的应用，加速社会的全面进步。

▶ 第二节　国内主要省市的企业数字化转型

在我国，北京、上海、浙江、江苏、福建等地数字经济较为发达，在数字化转型方面部署和实施得较早，当前均取得了不错的进展。

（一）国内主要省市数字化转型的创新举措

一是构建数字化转型的顶层设计，强化数据治理体系。浙江等地率先成立数据资源管理局，作为推动数字化转型的核心机构，负责统筹政务数据和公共数据的战略规划、平台建设、管理运维及开放共享。其不仅制定了详尽的数据资源发展战略，还通过建立健全数据目录、归集、整理、利用及开放机制，实现了数据资源的有效整合与高效利用，为政府决策、社会治理和产业创新提供了强有力的数据支撑。

二是将发展数字经济确立为核心战略，加速构建新经济生态。多个省份将发展数字经济作为推动经济转型升级的关键引擎，通过出台一系列扶持政策，加大在互联网、物联网、大数据、人工智能等领域的投入，积极培育新兴产业，并推动传统产业与数字技术深度融合。同时，这些省份致力于争创国家数字经济示范区，构建以数字经济为核心的新经济生态体系，引领经济高质量发展。

三是开放共享数据资源，激发社会创新创业活力。为激发市场主体的创新活力，各地政府纷纷搭建数据开放平台，制定数据开放清单，推动政务数据和公共数据安全有序开放。通过降低数据获取门槛，为创新创业企业、科研机构和社会组织提供丰富的数据资源，促进数据资源的深度挖掘和广泛应用。同时，通过举办数据创新应用大赛和设立专项扶持资金等方式，进一步激发社会各界的创新热情，推动数字经济与实体经济的深度融合。

四是深化"互联网＋"应用，推动传统产业转型升级。各地政府通过打造工业互联网平台，提供技术解决方案和人才支持，推动大型企业实现集成创新，中小企业则通过普及应用工业互联网技术，提升生产效率和产品质量。

同时，还通过构建产业生态、推动国际化合作等方式，为传统产业转型升级提供全方位支持。

五是构建"多规合一"的数字经济生态系统，促进区域协调发展。一些城市通过搭建"多规合一"管理平台，实现城市规划、建设、管理等方面的数据整合与共享，提高城市治理效能。同时，通过引进国家级科研院所、投资创新孵化空间、实施科技成果转化工程等举措，构建协同创新生态系统，打破"信息孤岛"，促进资源优化配置。此外，一些城市还通过引导产业梯次转移、推动区域合作等方式，促进数字经济在区域间的均衡发展。

六是实施人才强市战略，打造国际化人才高地。为支持数字化转型的深入发展，各地政府纷纷出台数字化人才引进和培养政策，通过提供优厚待遇、完善服务保障、搭建交流平台等方式，吸引海内外优秀人才。同时，加强本土人才培养力度，推动高等教育与产业发展紧密结合，培养符合数字化转型需求的复合型人才。通过构建具有国际竞争力的人才发展环境，为数字化转型提供持续的人才支撑和智力保障。

（二）国内主要省市数字化转型的显著成效

一是政府治理效能显著提升，数据驱动决策成为常态。通过构建数字化转型的顶层设计和强化数据治理体系，各地政府实现了政务数据和公共数据的高效管理和利用。这一变化不仅提高了政府决策的科学性和精准性，还显著提升了政府服务效率和公众满意度。数据驱动的政府治理模式正在成为各地政府推动经济社会发展的重要手段。

二是数字经济蓬勃发展，成为经济增长新引擎。随着数字经济相关战略的深入实施和数字经济生态的逐步完善，我国数字经济呈现出蓬勃发展的态势。互联网、物联网、大数据、人工智能等新技术新产业不断涌现并快速成长壮大，传统产业通过数字化转型焕发新生机，数字经济与实体经济深度融合发展，数字经济对经济增长的贡献率不断提升，我国正逐步成为全球数字经济的领跑者。

三是创新创业活力竞相迸发，产业融合发展加速推进。通过开放共享数据资源和提供创新创业支持政策等措施，各地政府成功激发了社会各界的创新创业热情。大量基于数据资源的创新型企业不断涌现并快速成长，传统产业与数字技术深度融合，催生出一批新业态和新模式，产业跨界融合和升级步伐明显加快，数字经济与实体经济相互促进、共同发展的良好局面正在形成。

四是传统产业转型升级成效显著，高质量发展迈出坚实步伐。通过深化"互联网＋"应用和推动工业互联网创新发展等措施，我国传统产业转型升级取得了显著成效。制造业等传统产业通过数字化转型实现了生产效率和产品质量的双提升，智能化、网络化、服务化成为传统产业转型升级的重要方向，产业生态和国际化水平不断提高。

五是人才资源集聚效应凸显，国际化人才高地加速形成。通过实施人才强市战略和打造国际化人才发展环境等措施，各地政府成功吸引了大量海内外优秀人才前来工作和生活。这些优秀人才不仅为当地经济社会发展注入了新的活力，还通过技术创新和创业活动推动数字经济快速发展。同时，随着本土人才培养力度的不断加强和人才交流平台的不断完善，我国正在加速形成具有国际竞争力的人才高地。

我国通过体制机制创新、聚焦数字经济、开放数据平台、深化"互联网＋"应用、构建数字经济生态系统并完善人才发展环境等关键举措，有效推动了数字经济高质量发展，提升了社会治理和公共服务水平，展示了数字化转型对国家整体竞争力的深刻影响。我国的经验表明，政府在推动数字化转型中发挥着关键作用，通过制定前瞻性的政策、构建高效的数据管理体系、促进产业创新和人才培养，能够有效加速全社会的数字化进程，实现经济、社会和环境的可持续发展。

国内外发达国家和地区的企业在数字化转型过程中积累了丰富的先行经验，通过以上的分析和总结，我们得到了以下宝贵经验。

（一）全方位的支持体系

国际上，先进国家和地区普遍将数字化转型视为国家战略，出台一系列政策和规划，为数字化转型提供全面部署。例如，欧盟的"欧盟下一代"经济刺激计划，将绿色复苏和数字化转型置于核心位置，特别强调中小企业在这一进程中的重要性。该计划通过财政支持、税收优惠、技术指导等措施，降低中小企业数字化转型的门槛，激发其转型动力，提升其竞争力和抗风险能力。类似地，美国、日本和韩国也通过设立专项基金、提供财政补贴和税收减免等方式，为中小企业数字化转型提供资金和政策支持。

（二）完善的数字基础设施

数字基础设施是数字化转型的基石。国际经验表明，由政府主导的基础设施建设能够有效提升效率，减少重复投资，降低企业的数字化应用成本。德国、美国、日本和韩国均将建设数字基础设施作为政策支持的重点，通过扩大 5G 网络覆盖、提升宽带速度、建设全国范围的光纤网络等措施，为中小企业提供高速、稳定的网络环境，激发其数字化转型的积极性。同时，这些国家还通过立法和制定相关政策，确保数据安全和隐私保护，为数字化转型提供安全可靠的环境。

（三）活跃的中小企业创新

中小企业在数字化转型的过程中，往往面临互联网科技头部公司的市场垄断，这限制了其议价能力和创新空间。日本、欧盟等国家和地区通过立法和政策干预，打破市场垄断，防止资本的无序扩张，旨在为中小企业创造公平竞争的市场环境。这些反垄断措施不仅促进了市场竞争，还激活了中小企业的创新活力，推动了数字经济的健康发展。

我国企业数字化转型服务产业图谱如图 5-1 所示。

资料来源：艾瑞咨询

图 5-1 我国企业数字化转型服务产业图谱

（四）完善的综合服务平台

国内经济发展较快的省（直辖市），例如江苏、浙江和上海，针对中小企业在数字化转型中面临的资源瓶颈，通过建设综合服务平台，提供数据、技术、人才和资本等方式进行全方位支持。这些平台不仅能够帮助企业降低获取资源的成本，还通过打造数字化转型示范区，集聚资源、分享经验，推动区域内中小企业的集体创新和转型升级。例如，通过举办数据创新应用大赛、提供数字化转型咨询、设立专项基金等方式，激发中小企业数字化转型的动力和能力。

中小企业数字化转型是一个复杂而长期的过程，国内外的实践经验表明，政策引领、基础设施建设、反垄断措施和综合服务平台的建设，是推动中小企业数字化转型的关键因素。结合本国及本地区的经验，制定和实施有针对性的政策措施，可以有效打破中小企业数字化转型的障碍，激发其创新活力，加速整个社会的数字化进程。随着数字技术的不断发展和应用的深入拓展，中小企业将在数字化转型中迎来更加广阔的发展空间。

第六章

自我解剖 ——
数字化转型的成绩与不足

广东省作为我国改革开放的前沿阵地，市场经济活跃，中小企业众多。分析广东省中小企业数字化转型取得的成效和经验，对于全国其他地区来说具有重要的示范意义。

▶▶ 第一节　企业数字化转型取得的主要成绩

广东省凭借其深厚的产业基础和市场体系，近年来在企业数字化转型方面取得了显著成效，不仅领跑全国，还在国际上树立了典范。从全国范围来看，城市群产业数字化异中有同，行业工具、金融、文体娱发展水平普遍排名靠前，广东省的金融、文化体育娱乐、工业分列前3名，服务业尤其是高端服务业数字化发展水平明显高于其他地区。城市群各产业数字化发展水平见表6-1。

表6-1　城市群各产业数字化发展水平

城市群	第一名	第二名	第三名
珠三角城市群	金融	文化体育娱乐	工业
京津冀城市群	生活服务	文化体育娱乐	金融
长三角城市群	电商	金融	行业工具
成渝城市群	金融	行业工具	工业
呼包鄂榆城市群	行业工具	金融	文化体育娱乐
关中平原城市群	行业工具	通信	金融
长江中游城市群	行业工具	金融	游戏
哈长城市群	行业工具	金融	游戏
中原城市群	行业工具	金融	游戏
兰西城市群	行业工具	金融	通信
北部湾城市群	行业工具	金融	游戏

资料来源：《数字化转型指数报告2023》

（一）企业"上云上平台"与工业互联网共同发力

自2018年广东省实施工业企业"上云上平台"政策以来，截至2024年年初，广东省已推动至少 2.5 万家规模以上工业企业完成了数字化转型，带动 70 多万家中小企业实现"上线用云"。这一成果标志着广东省在推动制造业数字化转型方面取得了重大进展。广东省不仅成为全国首批工业互联网国家示范区的创建单位之一，而且在培育标杆示范项目和引进制造业数字化转型服务商方面成绩斐然。截至 2024 年年初，广东省已经培育了 300 多个标杆示范项目，引进并培育了近 600 家优秀的制造业数字化转型服务商，其中，多家平台被评为国家级跨行业跨领域工业互联网平台，数量持续位居全国首位。

（二）数字经济规模和数字化转型程度领跑全国

广东省的数字经济规模持续扩大，截至 2024 年年初，广东省数字经济增加值超过 6.41 万亿元，占广东省 GDP 的比重接近 50%，规模和占比均位居全国第一。在 5G 基站建设方面，广东省持续保持领先态势，截至 2024 年年初，广东省 5G 基站数量已突破 20 万座，继续领跑全国。根据《数字化转型指数报告 2023》，广东省的数字化转型指数继续保持全国第一，其中，广州、深圳等城市的数字化转型指数依然稳居全国前列。2023 年第一季度数字化转型指数排名前 10 的省（直辖市）如图 6-1 所示。

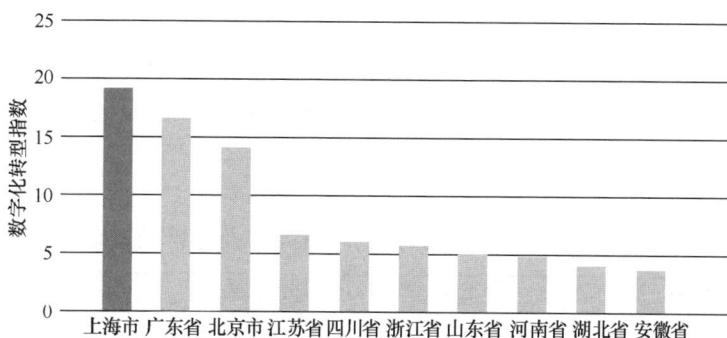

资料来源：《数字化转型指数报告 2023》

图 6-1　2023 年第一季度数字化转型指数排名前 10 的省（直辖市）

2023 年第一季度数字化转型指数排名前 10 的城市如图 6-2 所示。

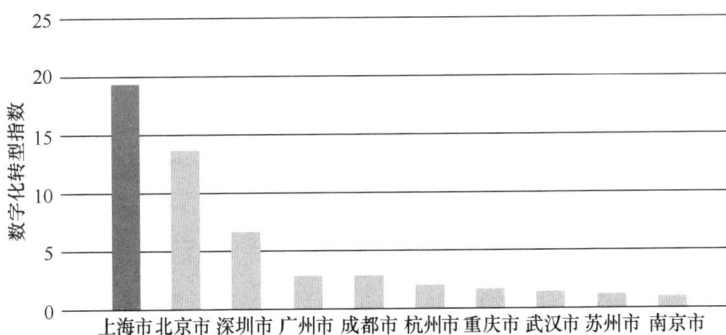

资料来源：《数字化转型指数报告 2023》

图 6-2　2023 年第一季度数字化转型指数排名前 10 的城市

（三）制造业、服务业等各行业数字化转型齐头并进

广东省制造业的数字化转型进程持续加速，从 2015 年开始实施智能制造试点示范至今，已建设了多个省级智能制造示范基地，培育了数百个省级智能制造试点示范项目，其中，数十个项目入选工业和信息化部试点示范项目。广东省在电气机械、医药制造、电子信息制造等行业大力推进智能化、信息化升级改造，同时在服装、家具等都市消费品行业探索个性化、定制化模式创新。截至 2024 年年初，广东省已建成数十个行业 / 区域标识解析二级节点，累计标识解析量超过 100 亿个。制造业数字化水平居全国前列，增速较高。2023 年制造业数字化在本省（直辖市）数字产业占比和增速排名见表 6-2。

表 6-2　2023 年制造业数字化在本省（直辖市）数字产业占比和增速排名

占比排名	省（直辖市）	增速排名	省（直辖市）
1	四川	1	上海
2	山东	2	重庆
3	吉林	3	北京

占比排名	省（直辖市）	增速排名	省（直辖市）
4	重庆	4	江苏
5	上海	5	广东
6	广东	6	四川
7	山西	7	河北
8	湖北	8	山西
9	湖南	9	吉林
10	江苏	10	安徽

资料来源：《数字化转型指数报告 2023》

（四）服务业数字化融合效率明显提升

广东省服务业与数字技术的融合日益深化，电子商务、数字金融、数字旅游和数字物流等新兴业态蓬勃发展。广东省的电子商务交易额、网络零售交易额、跨境电子商务交易额等指标持续领先全国，截至 2024 年年初，广东省网络零售额超过 3.5 万亿元，稳居全国首位，国家级电子商务示范城市、示范园区总数和示范企业数量均位居全国第一。其中，数字金融在数字产业中的占比居全国领先位置。2023 年数字金融在本省（直辖市）数字产业占比和增速排名见表 6-3。

表 6-3　2023 年数字金融在本省（直辖市）数字产业占比和增速排名

占比排名	省（直辖市）	增速排名	省（直辖市）
1	重庆	1	重庆
2	广东	2	天津
3	安徽	3	安徽
4	河南	4	北京
5	江苏	5	海南
6	上海	6	河南
7	辽宁	7	广西
8	吉林	8	上海
9	青海	9	辽宁
10	广西	10	江西

资料来源：《数字化转型指数报告 2023》

（五）农业生产经营数字化稳步推进

广东省在农业领域的数字化转型同样取得了显著成果，2024 年广东省县域农产品网络零售额继续保持全国第一，县域网络零售额排名位居全国前列，全省有多个县（市、区）入围全国县域电商百强榜单。

广东省在企业数字化转型方面所取得的成绩，不仅体现在庞大的数字经济规模和领先的数字化转型程度上，还体现在制造业、服务业、农业等多个行业数字化进程的全面加速。通过政策引导、资金支持、基础设施建设和示范引领，广东省为企业数字化转型创造了良好的环境，推动了经济结构的优化升级和产业竞争力的显著提升。随着数字化转型的深入推进，广东省将继续在数字经济领域发挥"领头羊"作用，为全国乃至全球企业的数字化转型提供宝贵经验和示范案例。

▶▶ 第二节　企业数字化转型的主要不足

广东省中小企业数字化转型虽然取得了较大进步，但仍然存在许多痛点，且这些痛点通常是多维度且复杂的，涉及技术、组织、文化、流程等多个方面。

（一）数字化转型比例尚待提高

目前，我国中小企业总量超过 4000 万家，但普遍存在"量大面广体弱"的特征。广东省是我国制造大省和全球制造基地，拥有产业集群或专业镇超过 400 个，是中小企业发展重镇，中小企业是实现广东省数字经济高质量发展的重要一环。从企业数字化转型比例来看，2023 年，广东省规模以上工业企业数字化转型比例约为 31%，由于前期政策着力培养头部企业，通过头部企业带动中小企业数字化转型升级发展。整体来看，中小企业数字化转型比例低于

31%，与欧洲的 46% 和美国的 54% 尚有较大差距；从细分模块来看，我国仍处于数字化转型的探索和组织阶段，步入数字化转型和数字化颠覆阶段的程度与发达国家仍有不小差距，国内外中小企业数字化转型阶段对比如图 6-3 所示。

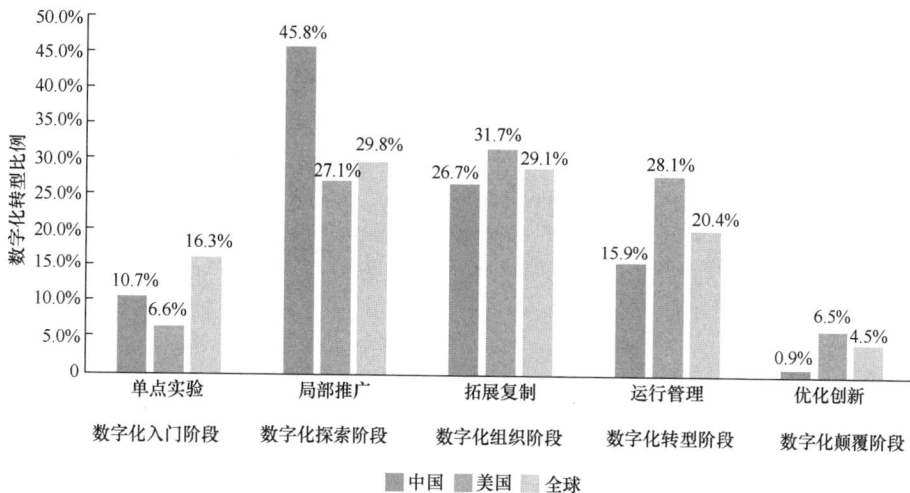

数据来源：IDC，东吴证券研究所

图 6-3　国内外中小企业数字化转型阶段对比

从工业领域来看，截至 2023 年年底，广东省登记在册的经营主体突破 165 万户，制造业企业 86 万户，新登记制造业企业 9.1 万户，同比分别增长 6.8%、5.6% 和 10.9%，其中中小企业占比 90% 以上，结合数据来看，广东省中小企业数字化转型还有较长的路要走。

（二）上云赋智程度与国内顶尖城市尚有差距

2020 年 3 月，工业和信息化部办公厅印发《中小企业数字化赋能专项行动方案》，强调推动中小企业实现数字化管理和运营，提升智能制造和"上云用云"水平，促进产业集群数字化发展。2020 年 4 月，国家发展和改革委员会、中央网络安全和信息化委员会办公室印发《关于推进"上云用数赋智"行动培育新经济发展实施方案》，助力中小微企业开展数字化转型。从效果上来看，广东省用云量仅排在全国第 3 位，低于上海市、北京市，在赋智量上低于北京市，从私营企业法人单位数指标来看，2019 年广东省私营企业法人单位数有 257 万家，远高于北京市的 76 万家和上海市的 35 万家，整体平均来看，广东省中小企业"上云用数赋智"渗透率远低于北京市和上海市。

（三）市场力量、市场机制作用"不明显"

2021 年 7 月，广东省人民政府印发《广东省制造业数字化转型实施方案（2021—2025 年）》和《广东省制造业数字化转型若干政策措施》，指出以数字化引领制造业质量变革、效率变革、动力变革。在一系列政策的推动下，相关行业头部骨干企业和"链主"企业数字化转型取得了不错的效果，而作为经济中毛细血管和神经末梢的中小企业，则被极大地激发了数字化转型意愿，但由于缺乏市场力量的有效参与，市场主体在数字基础设施建设中的参与度不高，数字化转型市场推广力度不足，数字新技术、新工具的供给与企业内在需求未能有效匹配，数字化转型市场传导机制不通畅，前期政策效果欠佳。IDC[1] 数字化转型路径预测如图 6-4 所示。

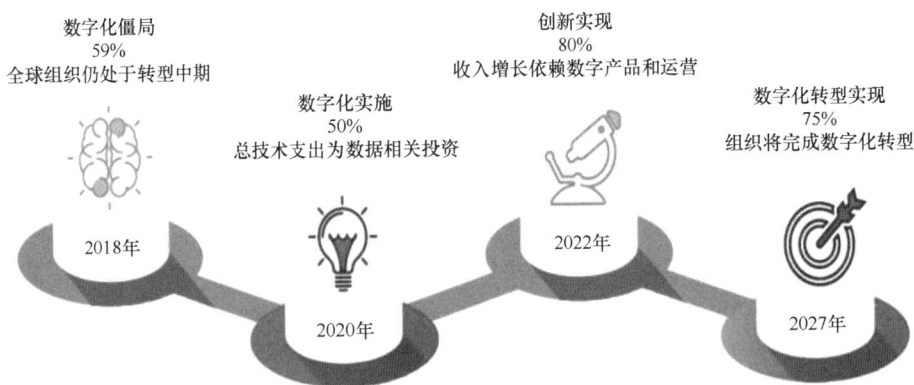

数字化僵局
59%
全球组织仍处于转型中期

创新实现
80%
收入增长依赖数字产品和运营

数字化实施
50%
总技术支出为数据相关投资

数字化转型实现
75%
组织将完成数字化转型

2018年

2020年

2022年

2027年

图 6-4 IDC 数字化转型路径预测

1. IDC：Internet Data Center，互联网数据中心。

数字化转型是一项长期且系统性的工程，转型升级前期投入大，改造需求相对碎片化、多样化，企业从数字化实施到数字化转型实现需要 7～9 年的时间，中小企业面临缺人才、缺技术、缺供给、缺资金等诸多难点和痛点，这是不少中小企业"止步不前"的主要原因。中小企业数字化转型面临的主要痛点、难点如图 6-5 所示。

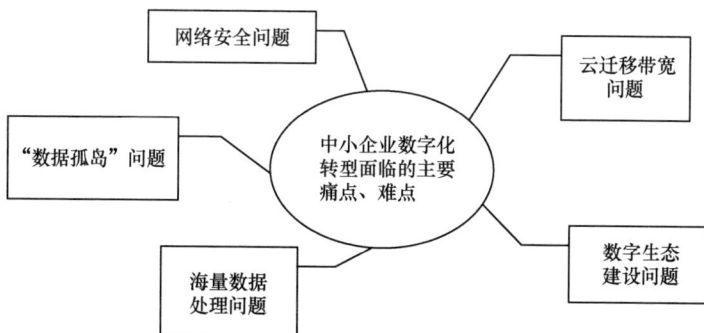

图 6-5 中小企业数字化转型面临的主要痛点、难点

实践检验 ——
数字化转型的现场调查

为了深入了解中小企业数字化转型面临的痛点、难点和堵点，我们以广东省作为主要调研区域，对于地处广州、佛山和中山等珠三角地市，包括传统企业、高新行业企业和数字化转型服务商 3 类 20 余家企业进行了实地走访和座谈调研。其中，传统行业中小型企业代表有创汇实业、汇伟塑胶、乐邦电器、依顿电子、国泰染整、敦明纺织等；高新行业中小型企业代表有三七互娱、广东伟邦科技、广东葆德科技等；数字化转型服务商代表有智森、竞华、博纳、有为、长虹、力控等（企业信息见附录部分）。

▶ 第一节　中小企业数字化转型基本现状

在对广东省中小企业调研对象进行现场及问卷调研后，经过分析，得出结论：目前，广东省中小企业信息化和数字化整体程度有待提升，具体表现如下。

（一）数字基础设施建设仍在初级阶段

在深入调研广东省传统行业中的中小企业后，我们发现其数字基础设施建设仍处于初级阶段。一个显著的现象是，超过 90% 的小微企业设备尚未实现联网，严重制约了数据流通与实时监控。即便在已联网的企业中，也仅有 30% 的企业实现了设备内网连接，这表明内部网络架构的搭建尚不完善。有线网络因其稳定性优势，依旧是企业网络布局的主流选择，占比高达 80%，而代表着未来趋势的 5G 网络则鲜有企业涉足，这显示出企业在新技术应用上的保守态度。值得注意的是，自建机房和使用服务器的企业凤毛麟角，云服务的应用也极为有限，调研中仅发现一家企业租用了天翼云，这反映了中小企业在云计算资源利用上还存在空白。

（二）数据采集与利用滞后

数据作为数字化转型的核心要素，其采集与利用效率直接关乎企业的竞争力。然而，调研结果显示，90% 以上传统行业的中小企业仍依赖人工方式进行数据采集，对物联网技术的应用几乎为零，这不仅导致企业工作效率低下，且工作流程中易出现人工错误。在数据存储方面，本地化存储仍是主流，数据上云的企业寥寥无几，仅有的一家也显得"孤掌难鸣"。此外，当企业需要用企业资源计划（Enterprise Resource Planning，ERP）系统收集数据以支持日常经营分析时，超过 80% 的企业依然采用人工输入的方式，大数据技术的缺失使数据分析的深度与广度大打折扣。

（三）产业链条信息化有局部亮点

尽管整体数字化程度不高，但在产业链条信息化方面，仍显示出一些积极的信号。约三分之一传统行业的中小企业，其所在行业对供应链上的全流程追溯或生产数据提供有着明确要求，这促使这些企业加快了信息化的步伐，产业链整体的信息化程度相对较高，对数字化转型的意愿也更为强烈。

（四）信息系统／平台的多样性与局限性

信息系统与平台是企业数字化转型的重要支撑。调研显示，80% 以上的传统行业中小企业已配备了 ERP 系统，这些系统或是企业自主研发的，或是外购后根据自身需求进行改造的，体现出企业在信息系统建设上的多样性和灵活性。然而，在更高级别的制造执行系统（Manufacturing Execution System，MES）布局方面，仅有 30% 的企业表现出积极态度，且大多数仍处于初级阶段，未能充分融合物联网、大数据和人工智能等前沿技术，限制了系统效能的发挥。

（五）信息化应用与规范的缺失

在信息化应用方面，传统行业的中小企业普遍滞后，90%以上的企业未能实现新一代信息技术与生产过程的深度融合，信息化应用的广度和深度均显不足。此外，企业内部信息化制度规范的缺失也是一大问题，这不仅影响了信息化建设的系统性和规范性，也增加了企业运营的风险。

（六）信息化人才的匮乏与招聘难题

人才是企业数字化转型的关键。然而，调研结果显示，传统行业的中小企业在信息化人才配置上严重不足，只有20%的企业设有专门的信息化部门并配置了开发、运维专职人员，大多数企业的信息化部门与生产设备部门职能混杂，人才短缺问题凸显。更为严峻的是，企业在招聘信息化人才时面临诸多困难，这进一步加剧了人才短缺的困境。

（七）信息网络安全意识与能力的差异

在信息网络安全方面，传统行业的中小企业表现出较大的差异。虽然大多数企业对信息安全有所部署，但仅有少数企业（20%）对信息安全要求较为严格，能够采取更为全面的防护措施。而极少数企业（10%）则能够根据客户需求灵活升级信息网络，显示出较高的信息安全响应能力。整体来看，中小企业在信息网络安全方面的意识和能力仍有待提升。

▶ **第二节　转型成功企业的经验总结**

在数字化转型实践中，众多中小企业正在加快研发应用数字化转型的关键技术，并从组织分工、体制机制上为转型提供相应的配套支撑。通过对数字化转型成功企业进行走访、抽样、对比分析，总结出以下 6 个方面的转型经验。

（一）小步快跑，渐进式改革

中小企业众多，不少中小企业的数字化转型并非推倒重来，但也无法一蹴而就，它们采取"小步快跑"的方式，即先易后难、从局部到整体、从半自动化到人机协作再到全自动化，渐进式地推进改革。例如，某些劳动密集型的传统行业制造业企业在数字化转型过程中会先从改善工人劳动强度高、工作环境差的环节入手，将劳动任务重、要穿特殊防护服和戴防护罩且工人数较多、易导致测试延迟的配料涂布车间作为改造切入点。随后，再将自动化与智能化技术向其他重要生产的环节延伸，加大改造力度。目前，数智化生产已覆盖生产过程的多个环节，企业产能在大幅提升的同时，产品质量也更加稳定。在渐进式改革中，众多中小企业走出了一条"信息化—数字化—智能化"的递进式转型道路。

（二）以"我"为主，场景化攻坚

数字化转型的关键是将前沿的数字化、智能化应用技术在企业实际生产运营中落地，并能够运用技术解决现实问题。其核心有两点：一是找准现实需求和痛点；二是具备自主研发或合作研发转型所需技术的创新实力。调研发现，很多中小企业体量虽然不大，却能积极探索数字化转型并找准具体需求，善于根据具体应用场景进行数字化、智能化应用技术的创新攻关，实现企业提质增效。有些企业为了满足国际市场对质量的高要求，成立专门小组攻坚研发环节的数字技术应用。攻坚小组借助建模与模拟软件等数字化工具，调整、优化工艺路线，提升产品质量，并取得一定的成果。

（三）聘请"医生"，专业化服务

数字化转型是一项复杂且庞大的工程，仅凭企业单打独斗有时难以成功。很多企业数字化转型成功的一条重要经验就是用好"工业医生"——数智化转型服务商与咨询公司。与专业领域的公司进行合作，付费购买专业服务，推动企业加快数字化转型进程。例如，华兴玻璃在全球范围内做了大量调研后，选择了在传统制造数智化转型上有丰富经验的西门子公司作为其咨询服务商。西门子对华兴玻璃的产能规划、快速和柔性的生产计划等 15 个维度进行"体检"，总结了 268 个痛点，提出了 32 个解决方案。与西门子合作后，华兴玻璃的数据采集自动化程度由 20% 上升到 66%，数据透明度达 90%，预计有效支撑效率上升 30%，不良品率下降 20%。

（四）观念变革，"一把手"牵头

在中小企业明确转型目标和制定转型路径的过程中，企业"一把手"扮演关键角色。企业领导层的转型决心与决策带动力，影响着中层员工与基层员工的观念变革，决定了企业数字化转型的质量与效率。有些传统行业制造业企业在推行信息化改造之初，曾面临许多老员工的抵触情绪。为此，企业信息化项目组组长从一开始就由董事长亲自担任，在方案的制订、选型等过程中，董事长带领相关部门负责人共同参与讨论，并形成统一的结论。董事长还亲自动员，消解员工的抵触情绪。

（五）组织支撑，全员化转型

企业在"一把手"牵头的同时，还需要相应地对组织进行变革，形成全员参与转型的机制与氛围。具体方法包括以机构改革推进专业化分工、建立对中层员工和一线员工的激励机制、通过树立"标兵"带动全员学习。很多企业通过召集中层管理人员及一线员工成立专职委员会，从制订工作目标、工作框架、具体运营等方面，来帮助企业实现数字化、信息化、智能化转型。例如，永恒头盔为企业营造一个全员参与的组织架构，员工提出合理的数字化、信息化、智能化升级提案，只要经过实践认可能够带来产出效益的，永恒头盔会按照规定对员工进行分成奖励。

（六）内外协同，政、企、媒合力

从广州、佛山、东莞等地中小企业数字化转型调研情况来看，政府、企业、媒体三方合力，推动政策优化、行业示范与交流，为企业的数字化转型构造了一个良好的"场"效应。政府通过树立行业转型标杆，打造示范项目和示范园区的方式，有效地发挥数字化转型"灯塔效应"。例如，佛山市南海区在全国率先成立广东制造业隐形冠军（南海）研究院，聚焦产业研究服务、金融科技服务等领域，为企业提供优质而精准的服务，搭建资源对接的平台桥梁。

▶▶ 第三节　中小企业数字化转型中的问题

珠三角地区民营经济发达、制造门类齐全、中小企业数量众多、应用场景丰富，在中小企业数字化转型服务供给方面展现出强劲的实力。这里不仅汇聚了大量的数字服务提供商和解决方案提供商，还形成良好的数字化转型生态体系，为中小企业提供了丰富的转型选择和支持。然而，多数中小企业仍面临转型路径不清晰、系统性思考不足等挑战，需要政府、行业协会、服务商等多方力量携手合作，为中小企业提供更加精准、全面的转型指导和支持。

（一）数字化转型改革的认识不足

调查结果显示，绝大部分中小企业认为数字化转型升级对于企业的未来发展重要或者较为重要，49.60% 的中小企业认为数字化转型升级对于企业非常重要。但大型企业对数字化转型重要性的认识更加明确和坚定，67.90% 的大型企业认为数字化转型对其未来发展意义重大。大型企业与中小企业数字化转型认识对比如图 7-1 所示。

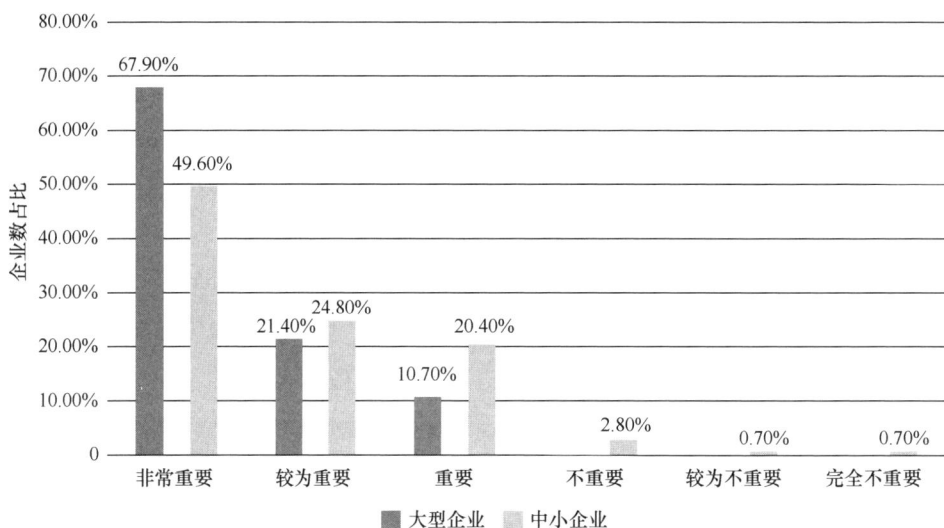

数据来源：银河证券

图 7-1 大型企业与中小企业数字化转型认识对比

大部分中小企业只是初步知道数字化转型的概念，有转型意愿，但对于为何开展、如何开展没有充分的认识和准备。相较于中大型企业，小企业通常缺乏成熟规范的流程，其发展往往取决于管理者的自身经验与能力。大多数小企业的管理者满足企业现状，有些不想也不会主动地寻求企业转型升级。整体来看，大部分中小企业对于智能制造的发展阶段缺乏了解，对于数字化、信息化和智能化的理解有偏差，意识不到企业转型发展的必要性和未来转型的必然性。

（二）数字化转型的推动机制不完善

作为工业和信息化部重点支持的国家级工业互联网示范区，广东省在数字化转型领域始终走在全国前列。近年来，随着《广东省制造业数字化转型实施方案（2021—2025 年）》和《广东省制造业数字化转型若干政策措施》相继出台，广东省数字化转型进入快速发展新阶段。这些政策不仅明确了广东省数字化转型的战略方向，还通过一系列具体的支持措施，例如财政补贴、税收优惠、技术创新激励等，有效激发了企业的转型动力。然而，广东省数字化转型的推动机制也暴露出了一些亟待解决的问题。广东省中小企业的数字化转型在很大程度上仍依赖于政府的引导和扶持。虽然广东省政府的政策支持和资金补贴为企业提供了宝贵的转型机遇，但这也导致了部分中小企业对政府的过度依赖。它们往往将数字化转型视为一种"外部强加"的任务，而非自身发展的内在需求。这种"要我转"而非"我要转"的心态，使得中小企业在转型过程中缺乏主动性和创新性，难以形成持续的转型动力。

在数字化转型的推进过程中，市场机制本应发挥重要的资源配置和调节作用。然而，在广东省中小企业数字化转型的实践中，市场机制的作用却相对有限。一方面，由于信息不对称和市场发育不完善，中小企业难以独立找到适合自身需求的数字化转型解决方案和服务商；另一方面，中小企业即使找到了合适的解决方案，也往往因为资金、技术、人才等方面的限制而难以实施。

（三）数字化转型的基础能力条件不够

数字化转型的初期投入往往是巨大的，涵盖了从基础设施建设到软件平台采购，再到系统集成与运维等各个环节。对于中小企业而言，这些投入几乎等同于对企业资金链的重新洗牌。由于数字化转型的成效难以在短期内进行量化评估，许多投资可能最终成为无法收回的沉没成本。这种不确定性使中小企业在决策时更加谨慎，甚至选择保守策略，将有限的资源优先用于维持日常运营，而非承担数字化转型带来的风险。对于许多传统行业，例如制造业、零售业等，数字化转型虽然被视为提升竞争力的关键，但受制于行业特性、市场环境和历史惯性，其投资意愿和未来预期往往相对保守。这种行业间的差异进一步加剧了数字化转型基础能力条件的不均衡。

技术基础设施是数字化转型的基石。然而，调研结果显示，所调研的大部分企业尚未铺设 5G 网络，且绝大多数企业没有明确的 5G 布局计划。这意味着在高速网络传输、低时延通信等关键技术领域，中小企业仍处于相对落后的状态。同时，物联网技术的应用也普遍不足，大多数企业仍依赖本地存储，数据上云比例较低。这种技术基础设施的滞后不仅限制了企业数据的流通与共享，也制约了数字化转型的深入推进。此外，信息化人才的匮乏也是制约中小企业数字化转型的重要因素。由于数字化转型涉及多个领域的知识和技能，企业需要一支既懂业务又懂技术的复合型人才队伍来支撑转型工作。然而，目前市场上信息化人才供不应求，中小企业难以吸引和留住这些高水平人才。

（四）数字化转型的方向和路径不明确

在数字化转型的广阔蓝图中，不同行业各自绘制着独特的转型愿景与实践路径。京东消费及产业发展研究院 2021 年发布的《中小企业数智化发展报告》深刻揭示了这一多元化趋势，不仅强化了对制造业、批发零售业及信息技术服务业等关键领域数字化转型诉求差异性的理解，也描绘了一幅更为细致的行业转型图谱。

制造业作为国民经济的基石，其数字化转型的焦点普遍在于通过数字技术和服务显著提升员工职场体验，通过智能化工具优化作业流程，减小劳动强度，提升工作效率，进而增强员工的归属感和满意度。同时，产品质量的跃升是制造业企业数字化转型的另一大核心目标。利用大数据、人工智能等先进技术，企业能够实现对生产全链条的精准监控与持续改进，确保产品质量达到更高标准，满足市场对高品质产品的迫切需求。制造业企业数字化转型的期望目标及占比如图 7-2 所示。

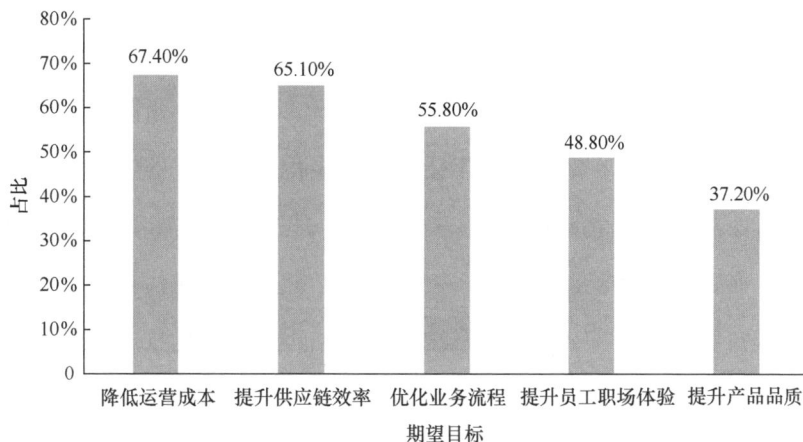

图 7-2　制造业企业数字化转型的期望目标及占比

对于批发和零售业，数字化转型是提升客户体验、增强业务可靠性和安全性的关键途径。面对日益激烈的市场竞争和消费者需求的快速变化，企业亟须通过数字化手段打造个性化、便捷化的购物体验，以吸引并留住客户。此外，提升业务系统的稳定性和数据安全性，确保交易过程的无缝对接与信息安全，也是批发和零售业数字化转型不可或缺的一环。通过构建智能物流、仓储系统，以及实施全面的数据保护措施，企业能够显著提升业务运营效率，降低运营风险。批发和零售业企业数字化转型的期望目标及占比如图 7-3 所示。

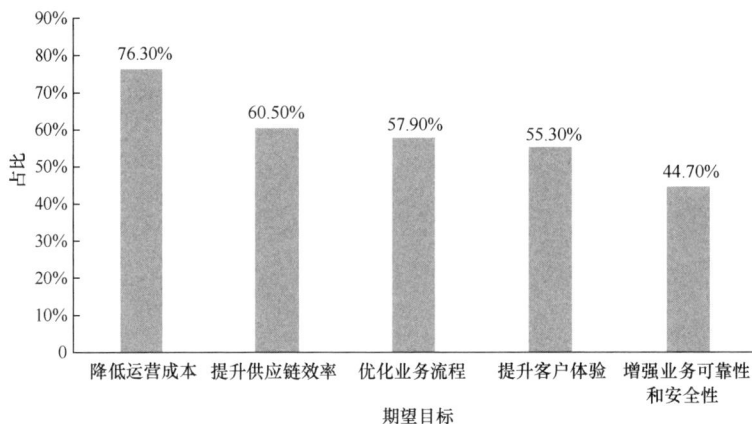

图 7-3　批发和零售业企业数字化转型的期望目标及占比

对于信息技术服务业，作为数字化转型的先锋和赋能者，企业更加关注如何利用数字化转型契机，进一步创新业务模式，提升创新能力。它们不断探索新技术、新应用，致力于开发出更加智能化、定制化的解决方案，以满足其他行业数字化转型的多样化需求。同时，通过构建开放合作的生态系统，信息技术服务业企业能够汇聚更多创新资源，加速技术迭代与产业升级，推动整个经济社会向更加智能化、数字化的方向迈进。信息技术服务业企业数字化转型的期望目标及占比如图 7-4 所示。

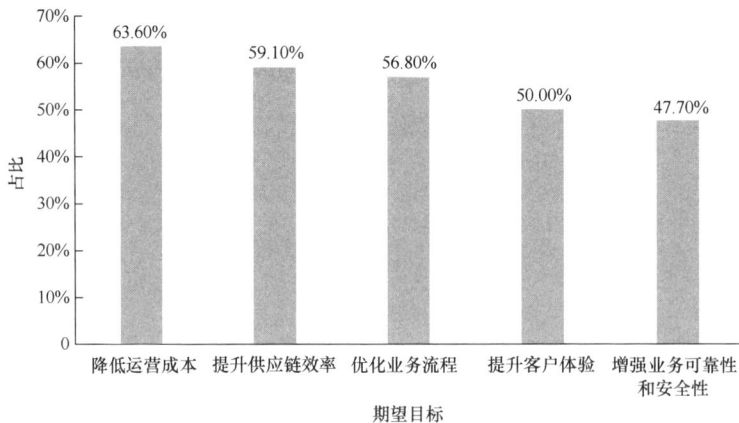

图 7-4　信息技术服务业企业数字化转型的期望目标及占比

08

第八章

布局谋划 ——
数字化转型的思路与路径

数字化转型是一个复杂且长期的过程，需要在战略层面进行考量和规划。通过明确政策目标、路径和重点举措，企业可以确保更有针对性地开展各项工作，从而提高数字化转型的效率和成功率。明确转型思路可以确保企业在转型过程中保持正确的方向，避免盲目跟风或因缺乏明确目标而导致资源浪费和转型失败。

▶ 第一节　转型思路——"政府引导＋市场主导"

"政府引导＋市场主导"的数字化转型思路，既强调了政府在政策制定、基础设施建设、服务平台建设等方面的引导作用，又注重发挥市场在资源配置中的决定性作用并激发企业的内生动力，共同推动中小企业实现数字化转型，是一种结合政府政策引导与市场机制主导的策略。

（一）数字跃迁动能的激发

在数字经济浪潮汹涌的当下，中小企业亟须挣脱传统路径的束缚，不能再局限于"补贴与优惠"的单一激励模式，而应勇于打破思维桎梏与利益壁垒，紧抓数字经济蓬勃发展的黄金机遇，主动引入市场"活水"，彻底清理阻碍中小企业数字蝶变的重重障碍。同时，应充分利用传播的"乘数效应"，携手行业协会、商会等权威平台，搭建起数字化转型的桥梁。通过举办经验分享会、产品服务展示嘉年华等活动，让成功的转型故事得到广泛传播，让每一个参与其中的市场主体都能充分释放其蓬勃的发展活力与创新潜能。

（二）市场趋利引擎的激活

在数字化转型的壮阔征途中，头部企业以其雄厚的资金实力与丰富的资源储备，发挥着数字化转型的"灯塔"效应。头部企业在不断搭建并优化科技平台、加速自身数字化进程的同时，更应将其在数字化领域的深厚技术积累与实践智慧，以市场化运作的方式精准赋能中小企业，促进技术与经验交流，构建对上下游企业的强大支撑体系，实现双赢乃至多赢。

中小企业作为大型企业供应链中不可或缺的"中转枢纽"，应发挥自身灵活性和敏锐性优势，积极拥抱新一代信息技术，加强与头部企业的深度合作与配套协作，推动整个产业链的数字化转型与升级，共同编织一张紧密而高效的供应链网络。

政府应通过精心遴选并树立行业转型的典范企业、项目或园区，有效释放数字化转型的"灯塔效应"，为中小企业减少试错成本，进一步激发中小企业参与数字化转型的内生动力，提升其转型的信心与决心。

（三）政策与机制创新的深化

数字化转型作为一项错综复杂的系统工程，涉及多领域、多主体的深度交融与协作，其产业链条呈现出多维交织、立体互动的鲜明特征。在数字经济生态的广阔版图中，企业间的关系已从传统的单一竞合向多元化合作模式转变，共同编织着一张紧密连接的价值网络。在中小企业数字化转型过程中，为有效应对市场力量发挥不足的挑战，政府必须坚持问题导向与需求牵引，精准施策，打通政府引导过程中的梗阻与盲区。要建立健全"市场主导、政府引导"的协同机制，为中小企业数字化转型量身打造一套高效、灵活、精准的政策与制度框架。同时，需要紧密结合产业特性与企业需求，出台一系列指导性强、操作性强、靶向精准的支持政策，并积极探索创新政策试点，以点带面，推动数字化转型的整体进程。要加强对相关产业的规范化管理，不断完善行业应用数字技术的标准体系，包括建立统一的技术标准、评估体系及监管机制，为中小企业营造一个健康、有序、高效的外部环境。

要结合国家宏观战略与区域发展实际情况，设立中小企业数字化转型专项基金，通过科学合理的财政预算安排，为中小企业提供强有力的资金支持。要进一步优化申报审批流程，简化手续，缩短周期，确保资金能够迅速、精准地投入需要的地方，以提升资金的使用效率。同时，加强对专项资金的绩效跟踪与使用评价，确保投入资金的效益。要充分激发市场主体的积极性与创造性，鼓励更多社会资本参与中小企业数字化转型，形成政府引导、市场主导、企业主体、社会参与的局面。

▶ 第二节 政策措施的精准性

为加快各行各业数字化转型进程，国家层面和地方层面相继出台了一系列的数字化转型推进政策。国家层面有关数字化转型支持政策见表8-1，广东省有关数字化转型支持政策见表8-2。总体来看，针对中小企业数字化转型的专项扶持政策较为丰富，但促进充分发挥市场机制作用的鼓励政策相对欠缺。为有效增强广东省中小企业数字化转型"市场力量参与度"，应更加注重激发各类主体活力、加强社会力量多元化投入、吸引数字经济市场主体集聚发展，以此来推动全方位、深层次的数字化转型，营造更好的转型政策制度环境。

表 8-1 国家层面有关数字化转型支持政策

日期	政策来源	政策文件
2017年7月	国务院	《新一代人工智能发展规划》
2020年3月	工业和信息化部	《中小企业数字化赋能专项行动方案》

续表

日期	政策来源	政策文件
2020年4月	中共中央 国务院	《关于构建更加完善的要素市场化配置体制机制的意见》
2020年4月	国家发展和改革委员会、中央网络安全和信息化委员会办公室	《关于推进"上云用数赋智"行动 培育新经济发展实施方案》
2020年6月	中央全面深化改革委员会	《关于深化新一代信息技术与制造业融合发展的指导意见》
2020年7月	国家发展和改革委员会、中央网络安全和信息化委员会办公室等部门	《关于支持新业态新模式健康发展 激活消费市场带动扩大就业的意见》
2020年9月	国务院国有资产监督管理委员会办公厅	《关于加快推进国有企业数字化转型工作的通知》
2020年10月	国家发展和改革委员会、科学技术部、工业和信息化部等六部门	《关于支持民营企业加快改革发展与转型升级的实施意见》

表8-2　广东省有关数字化转型支持政策

日期	政策来源	政策文件
2019年7月	广东省工业和信息化厅	《广东省工业企业上云上平台服务券奖补工作方案（2019）》
2021年5月	广东省人民政府	《广东省人民政府关于加快数字化发展的意见》
2021年7月	广东省人民政府	《广东省制造业数字化转型实施方案（2021—2025年）》和《广东省制造业数字化转型若干政策措施》

（一）企业数字化转型的政策精准度

（1）迭代升级精准支持政策

政府应致力于构建"一行一策，精准导航；一园一策，集群共荣；一链一策，协同升级"的全方位数字化支持体系。针对不同产业的独特需求与特性，精心制定一系列高度契合、易于实施、效果显著的引导与扶持政策，并率先打造企业数字化转型的创新政策试验田。从精心布局实施蓝图，到精准把握转型方向，再到推出高效赋能措施，树立企业转型标杆与示范区，绘制清晰的数字化转型路线图、阶段性目标与推进路径。数字化转型政策制定路线如图 8-1 所示。

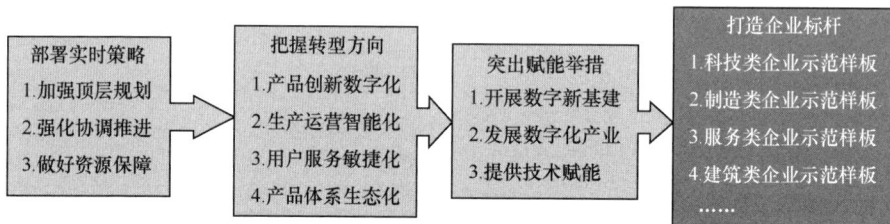

图 8-1　数字化转型政策制定路线

一行一策。针对中小企业所属行业面对的具体挑战与机遇，量身定制数字化转型策略，实现个性化飞跃。**一园一策**。在产业园区与产业集聚区内，实施差异化、协同化的数字化转型方案，促进园区内企业资源共享、优势互补，共同构建智慧园区生态，实现集群效应最大化。**一链一策**。聚焦产业链供应链的整体优化与升级，通过数字化手段强化链上企业间的信息互通与协作，推动产业链向智能化、高效化转型，打造具有国际竞争力的产业链集群。

通过一系列定制化策略，在广东省乃至全国范围内，分行业、分区域、分门别类地培育一批制造业数字化转型的行业标杆与示范，进而形成可复制、可推广的模式。

（2）探索创建企业数字化转型"智慧码"

"智慧码"作为政府、平台与企业之间的高效桥梁，能够实现信息的可视化、数据的精准化和服务的便捷化。整合政府各部门服务资源，为企业提供政策咨询、项目申报、审批办理等"一站式"在线服务。企业能够轻松获取政府服务、参与产业合作、利用数据驱动优化运营。

在"智慧码"项目中构建产业链上下游企业的信息共享与交流机制，促进供需对接、技术合作与资源共享。提供企业展示、项目发布、合作洽谈等功能，帮助企业拓展市场、寻找合作伙伴。利用大数据、人工智能等技术，对企业运营数据进行深度挖掘与分析，为企业提供个性化、定制化的服务建议。开发数据可视化工具，能够帮助企业直观了解自身的运营状况，辅助制定决策。

设立"码上诉求"渠道，企业可以通过"智慧码"提交发展中遇到的问题与需求，"智慧码"将自动匹配相关部门或服务机构进行快速响应与处理，确保企业诉求得到及时解决。

（二）企业数字化转型的综合服务生态

在数字化浪潮中，我国涌现了很多以领先企业为核心、科研机构和高校积极参与的产业联盟、行业协会及其他形式的行业组织，通过积极引导联盟或协会构建面向中小企业的多方资源对接、成果共享、利益共享机制，鼓励中小企业积极融入生态。构建面向中小企业群体提供技术赋能、组织赋能和管理赋能的产业公共服务体系，包括开放型技术和科技服务平台，标准、检验、测试平台，资源对接和推广服务平台等。具体来说，主要有以下 5 项措施。

（1）强化中小企业"集群式"数字化转型动力

为激发中小企业数字化转型的集群效应，应鼓励同区域或同产业集群的中小企业形成紧密的合作联盟。政府要加大对集群数字化转型联合体的支持力度，同时，扩大集群试点范围，通过严格复检的集群可以持续地享受长期性的奖补政策。

（2）加速产业链与供应链"链条"的数字化跃升

深化产业链供应链的数字化改造，鼓励"链主"企业发挥引领作用，利用互联网平台深化与上下游中小企业的互联互通，构建高效协同的数字化产业链体系。搭建省级乃至国家级的产业链供应链数字化服务平台，为中小企业提供定制化的系统解决方案、产品和服务。

（3）打造数字化"标杆"工厂、平台与项目

加大力度推动中小企业上云上平台，利用先进智能制造装备和数字技术，实施深度数字化转型和智能化改造。加快"5G＋工业互联网"的普及与应用，加快建设示范工厂，形成强大的数字化转型标杆效应。同时，构建具有全国影响力的工业互联网标杆平台，增强工业大数据、人工智能算法等关键技术的供给能力。联合政府与园区，共建具有鲜明地域特色的数字化转型示范园区。

（4）构建多主体跨界"融合"的数字化生态

深化数字化转型服务商、互联网产业联盟、行业协会等机构的公共服务职能，为中小企业提供包括规划咨询、技术培训、应用推广、政策解读、金融对接等在内的全方位服务。对符合条件的服务机构，大幅提升其服务项目实际投入金额的奖励比例。同时，鼓励互联网平台商与电信运营商携手，聚焦中小企业生产核心要素，开发高效的应用产品，助力中小企业制造能力与管理水平的双重提升。推动行业头部企业向平台服务商转型，为产业链上下游企业提供更加全面的数字化、网络化、智能化解决方案及咨询服务。

（5）联合共建数字化转型综合服务平台

汇聚数字化转型标杆企业、平台企业、高校及科研机构等多方力量，共同打造技术领先、模式创新的数字平台，形成"平台＋"系列创新解决方案，深度融合产业链、创新链、人才链、资金链、数据链，为中小企业提供从研发设计到市场应用的全方位服务。此外，共建国家级企业数字化转型体验中心与中小企业赋能中心，构建涵盖知识库、解决方案库、专家库和成果库的工业互联网服务体系，通过产品体验、供需对接、项目孵化、培训交流等多种方式，为

中小企业提供"一站式"数字化转型支持，全面提升其数字化转型的成功率与效果。

（三）企业数字化的资金扶持

（1）深化政府购买服务机制

为了精准助力中小企业数字化转型，需要进一步优化政府购买服务模式。首先，全面推广"诊断服务"与"顾问制度"，遴选省内专业的数字化转型标杆企业及顾问团队，依托其深厚的资源与专业洞察能力，分门别类、深入细致地为中小企业提供智能制造诊断及顾问咨询服务。通过系统的咨询调研、高效的现场对接、实用的技术培训及定制化的方案规划，全面梳理并解决企业在数字化转型中面临的共性问题、个性难题及瓶颈挑战，力求实现支柱产业中营业额超亿元的中小企业的诊断全覆盖，并显著提升传统产业数字化转型的基础能力。

为强化中小企业的生产要素管理能力，通过政府购买服务的方式，引入行业领先的优秀服务商，针对不同行业及生产环节，每年为中小企业提供生产要素的数字化采集与可视化应用服务。帮助企业实现生产过程的透明化管理，提升运营效率与管理水平。积极鼓励服务商深挖大数据价值，为企业提供更加深入的数据分析与应用服务，助力企业优化决策与提升竞争力。

（2）强化银行贷款贴息支持

为缓解中小企业在数字化转型过程中的资金压力，应进一步加大对"数字贷"及其他相关金融产品的支持力度。中小企业中凡是通过金融机构获取"数字贷"或其他指定金融产品用于数字化、智能化转型（涵盖数字化智能化设备、配套装置、系统、工控软件等）的，均可享受全额贴息政策，大幅提升单个企业每年的贴息上限，延长政策有效期内的贴息期限，严格把控纳入贴息范围的贷款利率，以切实降低企业融资成本。

（3）加大基金股权投资力度

进一步拓宽中小企业融资渠道，设立中小企业股权投资基金。基金遵循市场化运作原则，重点投资处于数字化、智能化转型关键阶段的中小企业，通过股权投资的方式助力企业快速成长。积极引导骨干企业、头部企业的产业基金及社会资本参与，形成多元化、多层次的资金支持体系，共同推动中小企业数字化转型的深入发展。

（4）创新数字化服务券发放机制

构建更加灵活、高效的数字化转型激励机制，持续优化数字化服务券制度。数字化服务券的使用范围全面覆盖数字化设备、配套装置、系统、工控软件等软硬件投资领域，以满足企业多样化的转型需求。采取"企业自付、服务商优惠、财政补贴"的三方共担模式，并强化省、市、县三级财政的联动支持，确保资金的有效利用与政策的深入实施。全面优化数字化服务券的申领、使用与兑付流程，通过全年不限次数按需申领、在线申请兑付等便捷方式，大幅简化企业操作流程并降低时间成本。依托先进的"科技大脑系统"实现数字化服务券的电子化管理与推广应用，通过数据共享减少企业信息填报负担，并通过强化事中事后监管与诚信体系建设，确保服务券的规范使用与高效运转。运用大数据分析技术实时监测创新需求的分布情况，为政策制定与资源配置提供有力支持。

（四）企业数字化转型的网络安全保障

随着中小企业数字化转型的加速推进，跨网络多元化的应用程序、复杂的云基础设施、大规模数据存储，以及用户访问权限的广泛分布，使网络安全问题愈发凸显。网络安全已成为制约企业数字化转型的首要挑战，这一趋势显示出数据价值与其面临的潜在攻击风险之间的直接关联。在此背景下，确保信息系统的安全不仅是信息基础设施不可或缺的一部分，更是与数字化转型进程紧密相连、相辅相成的关键要素。企业数字化转型面临的挑战如图 8-2 所示。

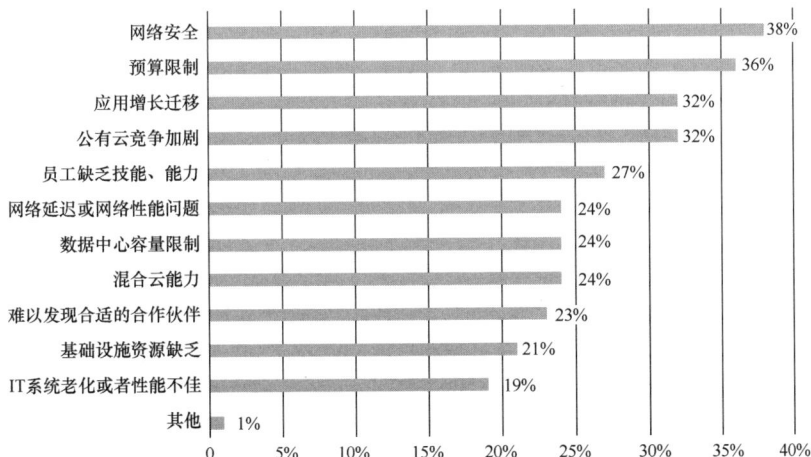

数据来源：IDC

注：横坐标表示制约企业数字化转型各个因素的占比。

图 8-2　企业数字化转型面临的挑战

（1）深化"首席安全官"制度实施

为有效应对数字化转型过程中的网络安全挑战，要加速推进首席安全官（Chief Security Officer，CSO）制度的普及与深化。通过省市层面的试点先行，逐步建立健全企业数字化转型中数据资源全生命周期管理的协同机制。制定并更新一系列关于公共数据资源管理、数据开放、数据安全等方面的政策规章，确保数据资源的合法合规流动。加强数据资源从采集、存储、处理到销毁的全流程安全监测，构建更为完善的数据资源安全管理体系。规范敏感信息（例如生物特征、用户习惯等）的采集与使用标准，强化数据跨境流通的安全评估与监管，实施更为精细化的数据安全分类分级保护措施。积极探索并应用数字身份认证、隐私计算、区块链、量子密码学等前沿技术，构建新型数字信任体系，提升数据流通与转换过程中的安全性、稳定性与便捷性，为中小企业数字化转型保驾护航。

（2）强化政府"守门人"角色

政府应主动担任起数字时代网络安全的"守门人"角色，通过构建统一、清晰、与时俱进的数字规则框架，为网络安全治理提供坚实的制度支撑。加强顶层设计，加快网络安全相关法律法规的制定与修订，确保网络安全法律体系的完善与适应性。注重制度、技术、管理三方面的深度融合，构建起全方位、多层次的网络安全防护体系。具体而言，应加大网络安全技术的研发投入，推广先进的安全防护技术与产品；优化网络安全管理机制，提升应急响应与处置能力；强化跨部门、跨行业的协同合作，打破"信息孤岛"，促进数据资源的共享与安全利用。通过一系列举措，从根本上解决系统碎片化、互联互通不畅、数据共享困难等问题，推动形成资源高效整合、安全可控的数字安全生态新格局，为中小企业的数字化转型营造更加安全、稳定、可信赖的网络环境。

▶ 第三节　市场力量的参与度

通过调研发现，企业认为实现其数字化转型的必要条件中，排在前两位的是新型信息技术赋能和芯片等自主可控类市场化供给，而第三位才是国家政策推动，广东省中小企业数字化转型1.0过程中相对忽视了市场的作用，市场的主体作用并未得到充分发挥。在推动中小企业数字化转型的过程中，既需要政府这只"看得见的手"积极作为，也需要市场这只"看不见的手"发挥决定性作用。从目前情况来看，除了继续大力推动政府的制度创新和行政主体推动，还应增强数字化转型市场主体的声音，使市场力量发挥其应有的作用。企业认为实现数字化转型的前四大必要条件如图8-3所示。

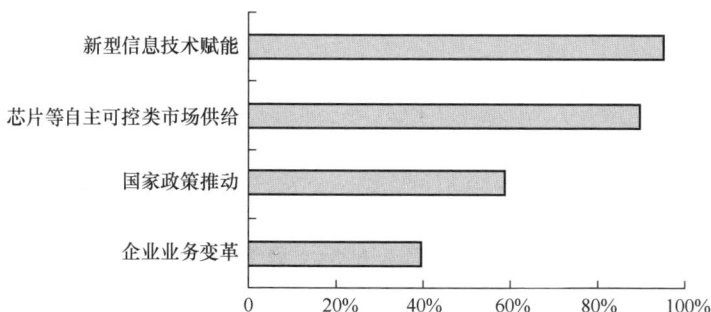

数据来源：工业和信息化部、国务院发展研究中心、国金证券研究所

注：横坐标表示企业数字化转型的必要条件的各项占比。

图 8-3　企业认为实现数字化转型的前四大必要条件

（一）数字化服务供给视角

（1）引导各方市场力量参与数字基础设施建设

截至 2023 年 12 月，广东省高新技术企业的数量已超 7.6 万家，位居全国第一，此外还拥有一大批实力强劲的数字经济骨干企业。要通过提高高新技术企业等市场主体的参与度，充分利用市场手段、发挥市场力量，通过拓宽资金来源，创新投融资方式，有效调动社会资本参与新基建建设积极性。数字化转型基础设施建设如图 8-4 所示。

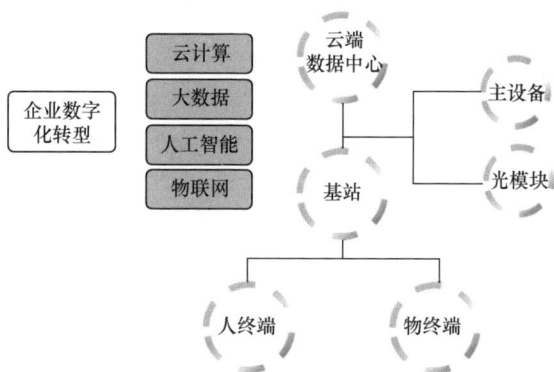

图 8-4　数字化转型基础设施建设

要清晰界定政府与市场的关系。对于商业化价值低但又非常有必要、涉及公共信息、市场整合难度比较大的新型基础设施的建设，应由政府积极主导或牵头开展。除 5G 基站、公共大数据中心等项目外的信息基础设施和融合基础设施领域，应充分发挥市场在资源配置中的决定性作用。

要全面实施市场准入负面清单。对于清单之外的所有行业或领域，要给予各市场主体公平参与的机会。同时，要合理确定投资资格，不得设置超过基础设施项目实际需要的注册资本金、资产规模、银行存款证明或融资意向函等条件，不得设置与项目投融资、建设、运营无关的准入条件。

要支持民营企业积极参与"新基建"。一方面，应加快制定民营企业参与"新基建"分行业、分领域、分业务市场准入的具体路径和办法。另一方面，鼓励广大中小企业特别是创新型科技企业通过技术入股、项目混改等方式主动参与。与此同时，主动消除民间资本参与"新基建"的顾虑，建立诚信机制，明确投资回报预期和违约责任等，制定相应的风险防范措施。

（2）激发市场主体数字化转型服务创造力

制造业是数字经济与实体经济深度融合的主战场，一些制造业领先企业先行探索数字化转型并取得成功，积淀了丰富的数字化转型经验。虽然各头部企业在数字化转型的具体路径上存在差异，但共同点都是基于超大规模制造带来的海量需求，探索自身数字化革新，进而带动上下游企业上云用云，实现企业提质增效。

因此，应以培育和引进优秀的制造业数字化转型服务商为契机，加强政府引导，激励头部企业创新数字化转型公共服务模式，坚持以市场为主导，做大做强数字化转型服务市场体系，集聚一批面向中小企业数字化转型的解决方案供应商，鼓励头部企业加大赋能和支持力度。补齐市场失灵的短板，积极发挥政策的引导作用。坚持场景驱动，更好地满足中小企业的新需求、提升新体验。

（3）在数字化转型核心环节精准发力

在服务供给上，应针对企业数字化转型的 3 个核心环节，即投入、内化和输出，采取精准而有效的措施，以确保转型成功。

投入环节——强化基础，筑牢转型基石。要加强政府引导与支持，出台税收减免、补贴奖励等政策措施，降低中小企业在数字化转型初期的投入成本。设立专项基金，通过政府购买服务、贷款贴息和风险投资引导等方式，为中小企业采购数字化软硬件和服务提供资金支持。加大知识产权保护力度，保障中小企业在数字化转型过程中的技术创新和知识产权成果。支持 IT 服务咨询公司、数字化创意和代理机构、软件开发公司和云平台公司等服务商的发展，推动其提供高质量的数字化转型解决方案。鼓励服务商拓展服务范围，涵盖数字化管理咨询、技术和应用战略、数据分析、系统集成实施、技术赋能、定制开发、流程和 IT 外包等多个领域。

内化环节——深化融合，提升转型效能。政府要与企业尤其是互联网企业合作，共同搭建技能人才成长平台，提供线上线下的培训资源和学习机会。推动大规模的数字技能培训项目，覆盖企业 IT 部门规划、IT 员工学习及 IT 技术应用等各个环节，全面提升企业人员的数字技能水平。鼓励企业调整组织架构，优化内部流程，确保新购入的软硬件和服务能够顺利地融入企业原有的体系，从而为中小企业提供技术支持和咨询服务，帮助其解决在内部配置和学习过程中遇到的问题。

输出环节——拓展应用，彰显转型成果。鼓励行业协会等组织设立数字化转型奖项，表彰在数字化转型中表现突出的企业，树立行业标杆。打造数字化转型示范项目和示范园区，展示成功转型的案例和经验，为其他企业提供可借鉴的模式。鼓励中小企业与头部企业建立紧密的协作关系，通过供应链协同、技术共享等方式实现共赢。推动企业在研发、生产和销售等各个环节中广泛应用数字技术，提升整体运营效率和市场竞争力。利用媒体、展会等多种渠道宣传数字化转型的成效和优势，提高社会对数字化转型的认知度和接受度。加强与国际先进企业的交流与合作，引进国外先进的数字化转型经验和技术成果，推动本土企业向更高水平发展。

（4）构建全方位多元化数字人才培养体系

在当前数字化转型的浪潮中，广东省作为经济大省，其中广州、深圳这两座城市在推动中小企业数字化转型方面发挥了重要作用。《产业数字人才研究与发展报告（2023）》显示，随着各产业数字化转型进入更深层次的阶段，相关行业对数字化人才的需求与日俱增，人才短缺已经成为制约数字经济发展的重要因素。报告估算，当前数字化综合人才总体缺口在2500万～3000万，且缺口仍在持续放大。

为有效应对数字化人才短缺问题，须及时更新并强化相关政策，加大对中小企业数字技能职业培训的扶持力度。鼓励和支持具有深厚数字化转型服务经验的领先企业，继续深化并扩展其数字化人才培训计划，聚焦人工智能、大数据、云计算和区块链等前沿技术领域，创新线上线下相互融合的教学模式，提高培训的灵活性和实效性。积极探索"互联网＋企业数字技能培训"的新模式，利用大数据、人工智能等新兴技术优化资源配置，实现培训内容与企业需求的精准对接，形成定制化、结果导向的数字化人才培训体系，不断优化数字人才供给端的结构。

在数字人才的培养上，为构建长效的人才培养机制，需要充分发挥行业协会、教育机构及科研机构的桥梁作用，促进政府与产学研用机构深度融合。政府应搭建高效的沟通平台，促进政策信息在企业间快速传递，降低企业数字化转型的信息成本，增强政策实施的效果。鼓励高校与企业建立深度合作关系，通过共建实验室、实习实训基地等方式，为学生提供贴近市场需求的数字化实践机会，同时引导教育机构调整课程设置，增设与数字技术紧密相关的专业及课程，培养更多符合产业需求的复合型人才。构建以"技术＋岗位"双图谱为基础的技能标准体系，辅以"课程＋在线学习平台"为核心的培养体系，以及"试题＋评测评估平台"为支撑的评估体系，形成完整的人才培养闭环。加强科研项目合作，鼓励高校、科研机构与企业联合攻关，解决数字化转型中的技术瓶颈问题，为中小企业提供坚实的技术支撑。

在数字人才市场的打造上，为推动数字人才的有效流动与优化配置，政府需牵头打造集数字化转型服务、数字经济人才流动配置和职业发展指导等功能于一体的高水平人力资源市场。该市场应突出综合性、专业性和国际化的特点，围绕数字经济人才的"引、育、留、用、转"全生命周期，提供"一站式"、定制化的人力资源服务解决方案。同时，出台更具吸引力的数字化转型人才引进专项政策，特别是在海外高端数字化人才引进方面，应提供税收减免、住房补贴和子女教育等全方位支持，鼓励专业技术人才扎根广东省，服务中小企业数字化转型。此外，还应注重本土人才的培养与激励，通过设立专项基金、举办创新大赛等方式，激发人才创新活力，为广东省乃至全国的数字化转型贡献智慧与力量。

（二）数字化转型需求视角

（1）推动高新类中小企业向专精特新深化发展

时至今日，广东省作为科技创新的高地，高新技术企业的数量已突破新高，数据显示，截至2023年12月，广东高新技术企业的数量已超7.6万家，相比于2022年增长显著，再次巩固了其在全国的领先地位。在这些企业中，特别是科技型中小企业，广泛分布于电子信息、生物医药、新能源、节能环保、新材料和机械装备等战略性新兴产业领域，以其高度创新性和成长性，对广东省乃至全国的经济增长贡献卓越，成为驱动产业升级与转型的重要力量。

高新类企业作为数字经济的核心参与者和支柱，其数字化转型的内在需求尤为迫切且多样化。从基础硬件的智能化升级，到基础软件、应用软件的深度定制，再到安全软硬件的全面构建，高新技术企业对数字化转型的渴望不仅体现在技术的先进性上，更在于如何高效利用大数据、云计算等前沿技术，精准分析市场需求，优化生产流程，提升供应链协同的效率，从而满足终端客户日益增长的个性化需求与对高品质产品和服务的期望。这些企业凭借较高的数字化原生程度和强烈的转型意愿，正在积极探索新的生产方式和技术路径，以期在激烈的市场竞争中占据先机。

（2）助力传统类中小企业实现数字化转型新跨越

面对传统行业中小企业的数字化转型挑战，深入调研揭示了四大核心难题，包括资金瓶颈、技术壁垒、人才短缺和路径迷茫。数字化转型所需的大量资金投入对实力相对薄弱的中小企业而言构成沉重负担；技术转型的复杂性，尤其是从机械化到自动化、网络化乃至智能化的跨越，难度巨大；同时，缺乏既懂数字经济又精通生产制造的复合型人才，以及转型路径不明确等问题，均制约了传统企业的数字化转型步伐。

面对种种痛点，一是要强化金融支持，鼓励金融机构利用大数据、区块链等技术手段，精准评估企业的经营状况，创新金融产品与服务，有效缓解中小企业融资难题，降低数字化转型过程中的资金压力。二是要培育数字经济思维，通过政策引导、案例分享和培训交流等方式，帮助传统企业树立数字经济思维，明确数字化转型方向，激发企业的内在动力。三是要激发企业家精神，鼓励企业家发挥引领作用，积极探索适合自身特点的数字化转型路径，勇于尝试新的商业模式，同时加大数字经济领域专业人才的引进与培养力度，提升企业的数据驱动能力。四是要深化技术应用，依托工业互联网、人工智能等先进技术，推动传统企业生产方式与管理模式的深刻变革，推广远程运营、在线服务等新型生产运营模式，降低运营成本，提升市场竞争力。

附录 1

调研企业

中小企业数字化转型实践部分调研企业名单见附表1-1。

附表1-1　中小企业数字化转型实践部分调研企业名单

序号	企业名称	所属行业
1	广东创汇实业有限公司	树脂模具生产、研发与销售
2	广东汇伟塑胶股份有限公司	食品用塑胶容器生产
3	广东乐邦电器股份有限公司	家用电器、零配件制造
4	广东依顿电子科技股份有限公司	精密度制造业
5	中山国泰染整有限公司	印染行业
6	中山敦明纺织有限公司	纺织行业
7	三七互娱网络科技集团股份有限公司	文娱行业
8	广东伟邦科技股份有限公司	高新制造企业
9	广东葆德科技有限公司	高新制造企业
10	广东格兰仕集团有限公司	家电行业
11	日丰企业集团有限公司	管道研发与生产
12	佛山海尔滚筒洗衣机有限公司	家电行业
13	广东顺威精密塑料股份有限公司	风叶研发和模塑料一体化解决方案提供商
14	广州智森信息科技有限公司	软件开发、仓储管理系统、仓储咨询
15	广州竞华软件科技有限公司	软件测评、软件咨询
16	广州博纳信息技术有限公司	系统集成、软件咨询
17	佛山市有为科技有限公司	五金零售、五金工业互联网平台
18	四川长虹广州分公司	智能家居、家电，智能制造
19	广州力控元海信息科技有限公司	工业自动化平台、软件平台、信息化平台

附录 2

数字化转型中的企业调研

（一）传统行业企业

（1）广东创汇实业有限公司

数字化的基础条件：初步完成了自动化升级改造，有一定的信息化基础和数字化转型意愿。

数字化面临的主要问题：在数据采集方面仍为人工作业，数据存储方式原始，MES 尚未投入使用，对政府数字化转型政策不够了解，数字化人才缺乏。

① 企业介绍

广东创汇实业有限公司成立于 2004 年，是一家专业从事树脂磨具生产、研发、销售和服务的合资企业，是该细分行业的头部企业，市场占有率是第二名企业的 3 倍。

② 企业数字化、信息化现状

已经形成书面的数字化规划，在过去几年时间里，对企业自动化生产升级改造进行了大量的硬件投入，一线生产人员数量削减近 50%，自动化程度大幅提升。2021 年已推进信息化 MES 联动，MES 正在选型中。

● 信息通信网络基础设施建设方面：厂区 5G 信号弱，4G 覆盖也不完善。使用电信宽带 50Mbit/s 专线、1000Mbit/s 拨号。新厂区的网络还在架设中，应结合综合造价、稳定性和维护成本考虑，追求性价比。数据存储方式未确定，在 ERP 升级到 MES 的过程中，应优先考虑自建本地服务器，当数据达到一定的量级后，再考虑上云。

● 数字化资源方面：数据收集困难，以人工纸质记录的方式采集，需要每天、隔天报录至 ERP 系统,有滞后性。期望后期使用 MES 后,可实现数据成像、观察设备故障及能耗等功能。

● 数字运营方面:有几家稳定的原材料供应商,采购方面的信息化需求较低。

● 信息系统 / 平台建设方面:企业在用系统有 ERP 系统、钉钉系统。当前系统使用顺畅,暂无问题。

● 信息化应用方面:有计划增加自动导引车(Automated Guided Vehicle,AGV)。

● 数字化人才方面:暂无专门设置的信息化架构,待启用 MES,将组建专门工作组(设备、系统和 IT),人数待定。

● 信息化的政策法规和标准规范方面:应了解更多政府政策方面的消息。

● 数字安全方面:由 IT 人员负责,工作数据库备份。

(2)广东汇伟塑胶股份有限公司

数字化的基础条件:自动化程度较高,公司数字化转型投入意愿强烈。

数字化面临的主要问题:机器设备尚未联网,在数据采集方面仍为人工作业,"数据孤岛"现象严重,ERP 和 MES 未上线,数字化运营程度不够。

① 企业介绍

广东汇伟塑胶股份有限公司(以下简称"汇伟塑胶")成立于 2003 年,是以制造食品用塑胶容器和瓶盖为主的现代化企业。主要生产经营食品用塑料,产品在境内外都有销售,合作伙伴涵盖蒙牛乳业、伊利股份、光明乳业、雀巢中国、朴诚乳业、李锦记集团、珠江桥、合兴集团、南顺集团和屈臣氏等。汇伟塑胶从原材料储存、配比、输送、投放到成品取放、成品次品分拣、自动打包,实现了生产智能自动一体化。

② 企业数字化、信息化现状

汇伟塑胶于 2004 年搬迁至中山市三角镇，2014 年开始实行技改转型升级，每年投建约 30 万元的设备。汇伟塑胶生产设备如附图 2-1 所示。

附图 2-1　汇伟塑胶的生产设备

企业单个个体自动化程度较高，但平台化程度不高，大数据平台建设和应用有限，仅有一个二维码打印平台系统（内部独立系统）。从整体来看，该企业单机自动化程度较高，但从数字化工厂的发展阶段来看，其数字化程度仍有待提升。

厂房机器先进，但基本没有联网，因此无法收集机器的运行数据，每台机器的告警数据存储在机器内部，将其综合收集起来可以进行大数据分析。仓库管理、产品堆放相对而言缺乏规划。检测实验室停留在初级阶段，使用单机的孤岛性的数据记录方式，通过人工测量后再由人工输入表格，数字化程度较低。汇伟塑胶的数字化生产车间如附图 2-2 所示。

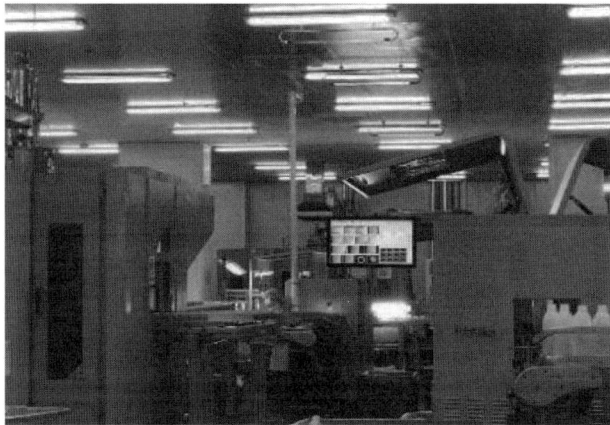

附图 2-2　汇伟塑胶的数字化生产车间

企业数字化发展需求：企业表示可以选 1 ～ 2 个数字项目进行合作，并愿意提供经费支持。其中，对智慧仓库比较感兴趣（因为塑料瓶产品种类多），考虑上线 ERP 和 MES，有意愿进行平台化和开展大数据业务，有意愿上云上平台并提出希望通过技术手段控制多地的厂房和设备。

（3）广东乐邦电器股份有限公司

数字化的基础条件：自动化程度高，自制率在 90% 以上，是一家集研发、生产和销售于一体的企业集团，资金相对充裕。

数字化面临的主要问题：企业生产的信息化程度不足，生产运营数字化程度较低，仍通过人工进行产品质量的检测。

① 企业介绍

广东乐邦电器股份有限公司（以下简称"乐邦电器"）成立于 1996 年，现有自主品牌（乐邦品牌、名派品牌）、出口（北美、欧洲、东南亚）、OEM[1]（厨房电器、生活电器）、零配件制造四大事业板块。旗下公司有大雁工业区中山市乐邦生活电器有限公司、三角工业区广东乐邦电器股份有限公司、大

---

1. OEM：Original Equipment Manufacturer，原厂委托制造。

雁工业区中山市晶晶玻璃制品公司、潮州市名派不锈钢制品有限公司四大制造基地。厂房占地面积达 20 多万平方米，年均生产规模达 1200 万件 / 台。公司拥有产品研发中心、检测中心、寿命实验室、自动喷涂、自动注塑、自动切料、自动冲压、自动生产线等系列标准设施，自制率达到 90% 以上，是一家集研发、生产、销售于一体的大型制造企业集团。乐邦电器的生产流水线如附图 2-3 所示。

附图 2-3　乐邦电器的生产流水线

② 企业数字化、信息化现状

企业从事 OEM 生产，注塑车间（自有产品，可以管控，产品标准化程度高）自动化程度比较高，但注塑车间的专业度仍有待提升，是未来发展的重点；五金车间（代工产品，受客户需求影响较大，产品标准化程度低）自动化程度较低，优势在于深耕多年，金属制品有较强的积累。五金车间仅有少量机械臂自动化设备，其他均为传统冲压设备，具有安全隐患。构件弯曲机器相对先进，可以在控制面板设置参数，但仍然通过人工进行产品质量的检测。乐邦电器的生产设备如附图 2-4 所示。

附图 2-4　乐邦电器的生产设备

数字化投入方面：该企业的技改专项已成功申报，预算 40 多万元，将用于实现生产环节的自动化转型。应充分考虑节能、提效和降损，关注投入产出回报率和回报的时间长短。

企业数字化发展需求：专注于注塑和钣金领域，注塑是重心，且着重关注节能、提效和降损 3 个方面。结合 5G 新技术采集生产数据，利用大数据技术深入分析，结合 AI 进行品控质量检测。

（4）广东依顿电子科技股份有限公司

数字化的基础条件：有自动化基础，资金相对充裕。

数字化面临的主要问题：数据录入方式较为原始，只有简单的 ERP 系统，未启用 MES，生产运营数字化程度较低，数字化人才储备不足。

① 企业介绍

广东依顿电子科技股份有限公司（以下简称"依顿电子"）成立于 2000 年，2014 年在上海证券交易所上市，是一家制造和销售高精度、高密度双层及多层印刷线路板的企业，是国内印制电路板行业的领先者之一，服务不同市场，主要包括汽车、医疗、通信、计算机及周边设备和消费类，其中汽车是其最大的客户群体（超过50%）。2020年的产值达30亿元人民币，中山厂区约有4500名员工。2020年实现主营业务收入245103.72万元，同比减少18.59%；净利润22449.37万元，同比减少56.70%。2020年净利润下降较多，主要原因是本期生产量下降，产能利用率下降，单位固定成本提高，导致产品毛利率也有所下降。同时，下半年公司因汇率变动也产生了汇兑损失。

②企业数字化、信息化现状

依顿电子在产能补充、品质控制、能力提升和精益生产方面持续加大自动化投入，进一步提升自动化程度。其于2021年年底投入使用一批新厂房，投产后产能增加40%。新厂房全面提升自动化、智能化，可实现完全数字化和信息化，并上线相应的MES、ERP；老厂区自动化程度较高，但信息化水平在行业内相对较低。未来，全流程都要进行数据采集和数据交汇。依顿电子的数字化、信息化情况如附图2-5所示。

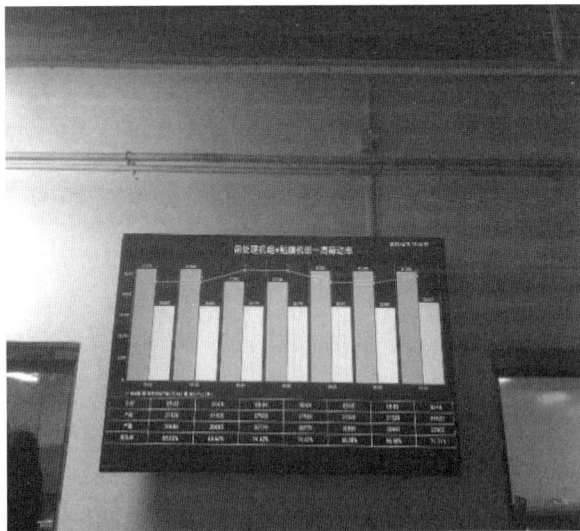

附图2-5　依顿电子的数字化、信息化情况

●信息通信网络基础设施建设方面：企业办公用中国电信的专线，新厂区的网络还在架设之中（主要考虑通过复用老厂区的网络）。大部分设备是联网工作的，考虑到网络的稳定性，目前采用有线方式。

●数字资源方面：主要取决于客户需求，苹果、华为等企业对供应链上的供应商企业在生产过程中有智能化的需求。华为要求全流程追溯，苹果要求主要体现在品质相关性，例如，通过热点图追踪产品缺陷发生区域，反推优化生产工艺和过程参数。机械设备的数据存储到内网，并将每天的生产数据和能耗数据用于辅助生产经营分析和优化流程。

●数字运营方面：在信息化方面，印制电路板环节整体效果没有供应链其他环节好。上游的芯片智能生产自动化更精细且程度更高，下游组装环节也完成得较好。

●信息系统 / 平台建设方面：新工厂将使用 MES 进行全流程追溯，已上线基于二维码的产品全流程追溯系统。目前旧厂没有 MES，只有简单的 ERP 系统，驱动工厂数据比较困难，高峰期智能化设备从 ERP 系统上传和读取数据会存在问题。最初在老厂区的一个车间做试点，试点后全厂使用 MES。自建 1 个自有机房和 1 个视频监控中心机房。

●数字化人才方面：网络部员工约 15 人，负责网络和系统的维护更新，企业内部网络和服务器都由自有人员搭建，目前在用的 ERP 系统也是由自有人员维护的，IT 能力较强。有计划逐步完善信息化人员队伍的建设，建设研发工作站，有校企合作意向。

●信息安全方面：客户对信息安全有严格的要求，系统升级到 Windows10，内外网均有防火墙申请认证（主要使用深信服公司的产品），网络安全需要系统审核。

（5）中山国泰染整有限公司

数字化的基础条件：有一定的自动化基础，部分数据上云。

数字化面临的主要问题：只有简单的 ERP 系统，未应用 MES，生产运营数字化程度不高，招聘数字化人才困难，难以留住数字化人才。

① 企业介绍

中山国泰染整有限公司（以下简称"国泰染整"）是一家成立于 2001 年的大型染整企业，总投资超过 20 亿元，占地 33.3 万平方米，建筑面积约 23 万平方米，绿化面积 4 万平方米，员工 2000 余人。生产经营纺织布料，包括织造、印染及后整理加工等，旗下拥有染纱厂、纺织厂、染厂和整理厂，企业规模宏大，品质检测体系完善。国泰染整是世界多个著名品牌服装的主要布料供应商，主要客户包括李宁、森马和 361° 等。

② 企业数字化、信息化现状

国泰染整重视信息化建设，在建厂初期就成立了电脑部（IT 部前身），一直自建应用，并搭建了服务器。在信息化水平方面，目前国泰染整的信息化水平处于中等水平，同行业中，越南、东南亚新开的工厂信息化规划较好，老工厂的信息化程度也在升级中。在信息化投入方面，对工程、引进的新设备做了一些配套的信息化建设。国泰染整的自动化设备如附图 2-6 所示。

附图 2-6　国泰染整的自动化设备

● 信息通信网络基础设施建设方面：中控用固线方式接入（机器不算多），比较稳定。距离远的使用 LoRa[1] 无线采集，不太稳定。从总体来看，厂房内部通信更多采用的是 RS232 或 RS485，无线采用 LoRa。前者无法适应大批量和远程通信，后者安全性较低。

● 信息资源方面：数据采集有周期性报表，现场电子看板实时显示生产的状态。国泰染整的车间信息显示如附图 2-7 所示。企业有自建机房存储数据，部分数据上云，租用电信天翼云平台。跟客户对接，使用射频识别（Radio Frequency Identification，RFID）技术，扫码数据上传到云服务器，以供客户下载。未来，新上 MES 之后会考虑每台设备增加能耗采集系统。目前采用人工抄表采集数据，使用 MES 后可实现物联网技术采集数据。

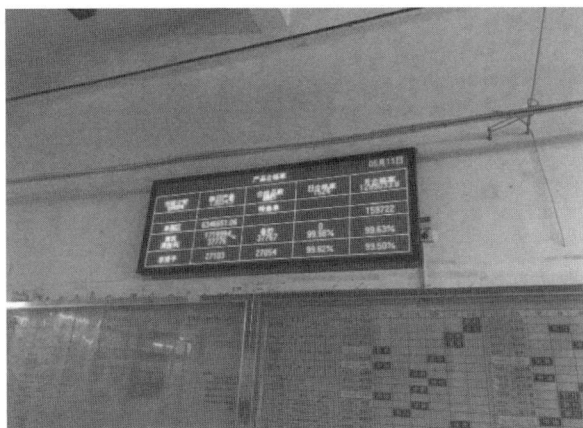

附图 2-7　国泰染整的车间信息显示

● 数字运营方面：在同行业中，东南亚新设的工厂信息化程度最高，新设工厂基础设施布局完善，便于进行信息化建设，若工厂已经运行相当长的时间，则改造成本比较高。目前，车间信息化程度也在升级中，可基于企业的现状，从局部优化逐步实现整体水平的优化。国泰染整的数字化车间如附图 2-8 所示。

---

1. LoRa：Long Range Radio，远距离无线电。

附图 2-8　国泰染整的数字化车间

● 信息系统 / 平台建设方面：2002 年开始开发自己的信息系统，并不断完善 ERP 系统。除自研信息系统外，也外购一些应用，使用的用友财务系统已升级到最新版本；在设备方面，对接染整机器的中控系统，厂商提供 ERP 接口；针对厂商未提供中控系统的设备，自主研发采集系统。采集机器参数、运转速度和温度，分析生产工艺，异常时可追溯生产情况。与物联网公司合作，综合设备效率（Overall Equipment Effectiveness，OEE）系统进行专业设备采集和数据分析，并辅助完成一些系统开发工作。目前，一批新购置的设备使用 MES，计划是将全厂有连接价值的设备进行 MES 联网。

● 数字化人才方面：招聘信息化人才困难，主要是 Web 平台运维压力大，缺乏 IT 人才。

● 数字安全方面：客户和认证对于安全是很重要的，建立了信息安全制度，自建机房和管理制度。还设有防火墙，客户端有杀毒软件。

（6）中山敦明纺织有限公司

数字化的基础条件：有较为清晰的数字化转型规划，有一定的自动化基础，部分数据已上云。

数字化面临的主要问题：信息采集停留在车间级，数据录入依靠人工作业。只有简单的 ERP 系统，大部分数据未上云，未使用 MES，生产运营数字化程度不高，缺少数字化人才。

① 企业介绍

中山敦明纺织有限公司（以下简称"敦明纺织"）是一家专业研发生产高档内衣类织带的创新型现代企业，占地面积 33330 平方米，厂房建筑面积 26000 平方米，拥有 20 多年的发展历史，产品热销全球各地。经营范围包括纺织品、纺织原料、针织布、梭织布、无纺布、熔喷布、服饰服装、防护服、隔离衣、医用口罩和劳保口罩等。敦明纺织的自动化生产车间如附图 2-9 所示。

附图 2-9　敦明纺织的自动化生产车间

② 企业数字化、信息化现状

有整体数字化布局，各个数据采集点明确。由于人才队伍建设困难，目前数字化工作推进较为缓慢，缺少落地实践。系统使用时间长，较为落后。

●信息通信网络基础设施建设方面：目前没有数据上云的需求，针对客户选中的产品，给客户提供相应产品的数据。

●数字资源方面：还不能做到实时自动采集数据，目前比较关注投入产出比，前期投入较高，但未达到预期效果。产品多样，规格不同，要求也各不相同，比较难以实现统一化。能耗信息采集停留在车间级，没有达到设备级。车间中高温蒸汽的数据采集，目前都是通过手工记录，无法通过信息化的采集手段进行电子化自动传输。某一个部门正在进行前期实验，以实现自动监控、测试温度。

●信息系统/平台建设方面：ERP系统已使用多年，负责从订单到业务确认、排产、出货整个流程。因此，贴合自身行业对外采购ERP系统进行改造。供应链模块对接了一些合作的供应商，打通了部分模块，在自研的ERP系统中加入物流等供应链信息。

●数字化人才方面：缺乏辅助软件方面的人才。由于行业比较小众，偏向于系统自研，所以具有适合自身行业特点的IT开发能力的人员较少。

●数字安全方面：信息安全要求较高，使用Wi-Fi存在风险，考虑用电子标签自动监控。目前比较关注工业互联网中网络安全防护与网络质量的兼顾。

（二）高新行业企业

（1）三七互娱网络科技集团股份有限公司

数字化转型的基础条件： 数字化原生程度高，拥有自主研发的AI投放系统，平台级大数据产品沉淀了海量数据，数字人才储备相对充裕，研发实力雄厚，处于行业领先水平。

数字化转型面临的主要问题： 由于行业环境发生了改变，移动游戏已经由过去的人口红利期过渡到内容红利期，技术、模式、管理的综合性运营数字化程度不高。

① 企业介绍

三七互娱网络科技集团股份有限公司（以下简称"三七互娱"），是上市游戏企业，也是国家文化出口重点企业、广东省文明单位，被纳入中证沪深300 指数、明晟 MSCI 指数、高盛"新漂亮 50"名单，是国内 A 股优秀的综合型文娱上市企业。

三七互娱总部设在广州，并在国内外设有子公司或办事处等分支机构。业务涵盖游戏、在线教育等板块，同时积极布局影视、音乐、艺人经纪、动漫、泛文娱媒体、VR/AR、文化健康、社交、新消费等文娱领域。

② 数字化转型实践

自 2020 年起，三七互娱积极适应市场变化，通过完善技术、模式、管理推动企业发展，不仅积极增加研发投入、扩大研发团队规模、增强精品游戏产出能力，而且采用"多元化"策略，以多种方式储备不同题材、不同类型的精品游戏。除深耕内容外，数字化转型升级也为互联网游戏企业带来新的增长点。

开放互动娱乐能力和深化产业云生态布局，是其数字化转型的必行之路。三七互娱自主研发的 AI 投放系统、平台级大数据产品沉淀了海量数据，通过分析相关数据，为新产品设计、老产品迭代提供了精准参考，有助于提高产品开发和流程优化能力，从而提升客户的产品体验。然而，在市场环境加快迭代的同时，消费升级、经济转型也在释放新的红利。

三七互娱以优质的内容为战略方向，在维持游戏核心业务高速增长的同时，也在打造新的文创高地，深度挖掘 5G 云游戏、影视、音乐、动漫、VR/

AR、文化健康、在线教育、电竞、社交文娱等细分领域，在创新商业模式、内部管理升级、叠加外部资源等方面持续发力。三七互娱也在进一步构建全产业链文娱生态布局，推动产业价值与文化价值相互赋能。同时，提供更多全新体验的优质内容，构建"一站式"文娱生态圈，努力打造深受年轻一代信任的文创品牌。

（2）广东伟邦科技股份有限公司

数字化转型的基础条件：企业自动化程度相对较高，近年来，在其推进数字化转型后，车间的自动化率从之前的30%提高到60%，目前正在使用的生产线和生产设备、检测设备等以自动化设备为主，有较强的数字化转型意愿。

数字化面临的主要问题：软件系统数字化程度不足、数字化运营管理程度不够。

① 企业介绍

广东伟邦科技股份有限公司（以下简称"伟邦科技"）成立于2004年6月，致力于研发高品质电梯人机交互系统，以及将AI算法应用于各行业的商用智能硬件专业定制，全方位提供先进、完善、多元的网络化多媒体信息解决方案。电梯人机交互系统包括可以搭配使用的液晶显示设备、智能识别系统、可以控制电梯停靠楼层的传感器、监控电梯运行及使用情况的电梯监控系统等，还包括语音提示播报板、无接触交互控制等产品。

② 数字化转型实践

由于伟邦科技的厂房是租赁的，从一开始租赁单一车间到后面随着产能扩大不断扩张到目前的5个车间，但是车间之间物理间隔较远，无法完全打通，这也妨碍了企业进行整体的数字化和智能化改造。因此，前期推进了3年多的数智化改造，主要还是以单个车间为主。近年来，伟邦科技持续投入资金,包括使用一些管理系统、自动化设备等,特别是在软件系统的管理方面,从之前主要以硬件的投入为主,到现在软件和硬件一起投入。

在推进数字化和智能化改造后,目前车间的自动化率从之前的 30% 提高到 60%,一些插件贴片等工艺可以替代人工作业,包括焊接等工序现在都是利用设备来完成的。所以总体的产品质量更加标准化,整个车间的生产效率也得到了提高。伟邦科技的产值每年都有大约 20% 的增长,而生产人员保持较低的增长,因此,增长主要依靠的就是自动化设备投入的提高。

2021 年 9 月,伟邦科技三龙湾基地建设项目主体结构顺利封顶,该基地建设项目总投资约 2 亿元,建筑面积约 36000 平方米,计划建设电梯人机交互系统、智能化硬件产品生产设备、研发中心和一流的生产制造中心。该项目达产后,伟邦科技的电梯人机交互系统的生产能力将增加至 49 万个 / 年,智能化硬件产品生产能力将增加 1.8 万个 / 年。伟邦科技目前也正在筛选合适的数字化设备供应商,在这个过程中,其非常注重前期规划,因为整个工厂是一个集成系统,每个设备的供应商、设备的接口等都是不相同的,所以必须要在车间规划和预订设备时做好对接。最后根据各方的需求,由集成服务商来满足个性化的定制需求。

（3）广东葆德科技有限公司

数字化转型的基础条件:企业自动化程度相对较高,企业已上云上平台,有较强的转型意愿,资金和研发实力相对雄厚。

数字化转型面临的主要问题:数字化人才储备相对不足,数字化运营管理程度不够等。

① 企业介绍

广东葆德科技有限公司（以下简称“葆德科技”）创立于 2010 年,位于佛山市三水区,是国家高新技术企业,广东省和佛山市两级节能空压机技术中心，工业和信息化部专精特新企业、佛山市高新区制造业单打冠军、佛山市智能制造示范企业。主营空气压缩机，集研发、生产、销售及互联网于一体，所有空气压缩机均可使用葆德云系统进行数字化管理，从而实现工业领域的"人机合一"。

②数字化转型实践

创立初期的葆德科技是一家主营空气压缩机贸易和售后服务的传统企业。由于当时缺乏远程监测手段，尽管设备出现问题的概率很小，但售后团队都需要亲自到现场查看，售后服务成本高。

2012年，葆德科技通过与数字化转型服务商合作，开发了一款可以监测设备故障反馈的信息系统。当设备出现故障时，售后团队会及时收到一条简单的手机报障短信，这是葆德科技探索工业互联网的初代产品。借助该远程监测系统，葆德科技空气压缩机凭借优秀的售后服务在市场上大受欢迎，葆德科技也从"卖设备"拓展到制造领域。

葆德科技始终不忘数字化发展。随着企业的发展和公共云的成熟，2015年年底，葆德科技开始把传统的工业行业与互联网进行结合，自主研发"葆德云"工业互联网平台。

"葆德云"是国内最早一批企业级数字化管理产品之一，是行业内第一个空气压缩机云平台系统。通过将工厂、服务商和空气压缩机终端用户连接起来，使所有空气压缩机均能在"葆德云"通过物联网技术与互联网技术进行数据交换，实现数据上云、服务上云和知识上云。在手机上打开"葆德云压缩空气管理系统"可以查看任意一家客户使用设备的实时运转情况。葆德科技的客户也可以通过系统在线一键报修，此举也极大提升了葆德科技产品的市场竞争力。葆德科技的信息化车间如附图2-10所示。

附图 2-10　葆德科技的信息化车间

　　葆德科技发现，佛山制造业在研发、供应链、生产环节都已经比较成熟，但是在管理和精准对接客户方面仍存在不足，销售人员需要花费大量时间去了解客户的意向，或者花费宝贵时间跟进需求不匹配的客户。继"葆德云"后，葆德科技进一步加快数字化和智能化转型，将智能制造视为发展的主要方向。根据一张电子名片就能精准地画出客户的画像，从而为销售人员提供精确的销售建议，这张"小名片"就是葆德科技旗下全资子公司开发的数字化智能精准营销工具"星云销"。通过微信转发该平台的电子名片就可以实现精准营销，这是葆德科技在"互联网 +"领域探索的新商机。

　　客户点击"小名片"链接，即可进入"葆德云销"页面，不仅能看到葆德科技的企业情况介绍、工厂 VR 实景，还可以获取葆德科技旗下所有产品的详细介绍，并与"小名片"所属员工实现在线交流。客户在"星云销"平台可以获得"一站式"购物体验。

　　对于销售人员而言，在"小名片"的后台系统可以看到客户详细的浏览痕迹，通过算法对客户的浏览痕迹进行意向分析，及时对销售人员给出跟进提醒和销售建议。通过精准抓取客户的需求并形成预测订单，可以在供应链上促进精准制造，将供应与需求准确链接，节省企业的开支。这张"小名片"

为制造业企业的数字化管理、线上市场开发提供了一套完整的流程，帮助企业快速实现数字化和智能化升级，因此，"星云销"在佛山制造业需求强烈。

目前，葆德科技正在以新一代信息技术应用，加快推动企业数字化和智能化发展。2020 年，葆德科技启动 5G 全链数字化建设，葆德数字平台能够集纳企业每一张订单、每一台已售空气压缩机、每一个客户、每一名维保师傅等信息，实现订单生产、销售服务、售后服务的信息可视化和运行智能化，进一步推动数字化智能工厂的建设。实现全链数字化后，大幅提高了企业管理效率和产品品质。企业的销售环节每年可节省数十万元印刷费，利润增长了 2 ～ 2.5 个百分点。

数字化转型成功的企业调研

（一）广东格兰仕集团有限公司

（1）企业介绍

广东格兰仕集团有限公司（以下简称"格兰仕"）是中国家电业具有广泛国际影响力的龙头企业之一，面向全球提供健康家电和智慧家居解决方案。1978 年以来，格兰仕一直专注于制造业创新发展，由微波炉龙头企业发展为综合性、领先型跨国家电科技集团。2019 年，格兰仕发布全球首款物联网芯片"BF-细滔"，从硬件、软件、能源 3 个方面着力，集成开源芯片、边缘计算等前沿技术，旨在为全球用户提供高效的物联网解决方案。

（2）数字化转型实践

随着企业国际化进程不断深入，传统的接单—研发—生产—交货模式无法快速响应市场的需求，更难以为用户提供个性化的定制服务，在竞争日益激烈的国际贸易中，市场需求推动格兰仕转型。

2014 年，许多企业都面临着一个困境——传统的生产模式已无法满足市场和用户对定制化、个性化产品的需求，制造业必须转型。首先，在信息的传递效率上，从 2014 年开始，格兰仕抓住市场机遇，探索数字化转型，自主研发供应链系统、供应商协同平台、制造执行系统等，形成完善的工业互联网生态，打通产业链的所有环节。数字化转型让格兰仕的产能大幅提升，产品质量更具竞争力，2020 年，实现了全年全品类销售同比增长48%。格兰仕的自动化生产车间如附图 3-1 所示。

在实现数字化之前，格兰仕生产部门接收订单信息是由商务部门发邮件通知的，无法快速响应市场，更难以提供个性化的定制服务。对此，格兰仕开始着力布局工业互联网平台，通过数字化的方式，打通产业链上的所有环节。

附图 3-1　格兰仕的自动化生产车间

　　通过自主研发的供应链系统、供应商协同平台和制造执行系统等，格兰仕构建起能打通供应端、制造端和市场端的工业物联网生态，让数据在全产业环节里准确、高效流通，赋能整个产业链，实现加速蜕变。格兰仕的数字化转型布局涵盖每个环节，包括计划、执行，到后面的采购、供应等，全链条共同发力。格兰仕的数字化建设如附图 3-2 所示。

附图 3-2　格兰仕的数字化建设

实现数字化转型后，在格兰仕"工业 4.0"智能家电制造示范基地里，一台微波炉从接到市场订单到完成生产只需要 7 天，劳动效率提升了 40%，订单交付期缩短了 67%。格兰仕在数字化转型的过程中，也曾经历过"阵痛期"。数字化转型首先给员工带来很大的冲击，为了让员工尽快熟悉各种设备和系统，集团总部成立了一个新部门——生产管理部，从企业文化入手，全面推进数字化和智能化转型升级。格兰仕信息化系统实操如附图 3-3 所示。

附图 3-3　格兰仕信息化系统实操

通过各种文化宣传的方式，格兰仕在企业内部营造数字化转型的氛围，推动员工积极学习数字化转型的知识。另外，格兰仕还会制订自上而下的培训计划，让数字化转型的理念逐步推进到一线员工。格兰仕"工业 4.0"智能家电制造示范基地不仅提高了生产效率，也带动了整个产业链的发展。格兰仕的工业互联网平台对接了上下游产业链中的几千个供应商，包括生产、物流、库存等数据，通过数字化产业链带动数字化转型。格兰仕的自动化仓储如附图 3-4 所示。

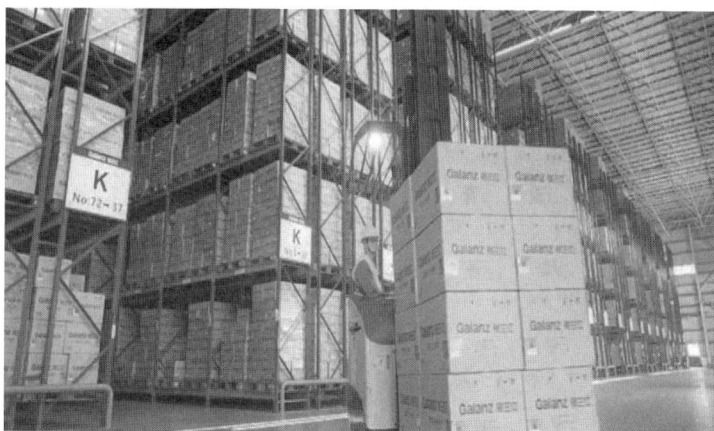

附图 3-4　格兰仕的自动化仓储

提高生产效率只是工业物联网生态的表层效果，信息在产业链中的高效传递对备料、品控、物流、库存等方面的影响更为深远。原料的需求随订单量即时变动，上下游供应商的信息可随时追溯，对原料和成品的备货优化、从供应到销售的物流优化、每一批次产品的品控优化与售后跟进都具有重要的意义。通过研发物料通用化平台，可对所有供应商的产品信息进行互通共享，采购部门能实现批量下单，供应商也能批量制造，大幅降低了成本，对供应商的生产也是一种保障。格兰仕"工业 4.0"智能家电制造示范基地将持续投入建设年产能 3600 万台产品、预计销售额超 100 亿元的"工业 4.0"制造工厂，以智能化产品制造为导向，配备全自动化生产线，推动佛山传统制造业加快转型升级。

数字化转型的成功经验：积极建设数字供应链，推动企业间订单、产能、渠道等共享，促进资源的有效协同，打造"研发＋生产＋供应链"的数字化产业链，以数字供应链打造生态圈。核心技术是格兰仕数字化转型的底座，格兰仕通过完善的工业互联网生态提质增效。加速向数字化转型，还可以依靠工业互联网平台带动上下游企业加快数字化转型，促进产业链向更高层级跃升。

（二）日丰企业集团有限公司

（1）企业介绍

日丰企业集团有限公司（以下简称"日丰集团"）创立于 1996 年，总部位于广东佛山，是一家致力于新型塑料管道研发、生产、销售、服务为一体的国家高新技术企业，旗下产品涵盖给水、排水、采暖、护套、市政、燃气、五金、卫浴等领域，企业在佛山、天津、湖北、陕西、重庆等地拥有生产基地，旗下工厂管材生产线数百条、加工设备数千台，每年销售新型管道数亿米，产品畅销 160 多个国家和地区。日丰集团拥有国家企业技术中心认定、CNAS[1] 认证实验室等机构认可的研发机构，多年来专注于新型塑料管道的研发、生产，专注于提供家居新型管道系统的"一站式"解决方案。

（2）数字化转型实践

2014 年，数字化转型提上日程。数字化转型第一步是将集团 IT 中心转变为数字化转型"大本营"，梳理研发、采购、生产、营销等流程，重构企业基础信息架构，积极与华为、IBM 等专业的第三方服务公司合作，陆续引入 ERP、MES、客户关系管理（Customer Relationship Management，CRM）等数字化系统。

日丰"安全卫士"服务是日丰集团特有的增值服务，通过大数据、云计算等技术的应用，实现日丰集团管道产品的"产品 + 服务"模式转型。通过日丰"安全卫士"云平台，建立了全国上百万个社会化水资源服务中心，实现了用户移动化服务预约、水工接单、服务工程师派单上门检测、产品鉴定、管路智能水压检测、管路安装验收、管路图全景拍摄等服务，通过日丰"安

---

1. CNAS：China National Accreditation Service，中国合格评定国家认可委员会。

全卫士"验收的管路系统提供"双质保"承诺，给消费者提供一个安全无忧的供水系统。

工业互联网应用促进企业制造升级。日丰集团持续推动企业数字化制造建设，2019 年成立了设备自动化和数字化改造团队，其中，90% 的员工为本科及以上学历。借助工业互联网技术和大数据技术等，日丰集团搭建了以 MES 为核心应用的制造信息化体系，实现各类生产自动化、信息化改造，包括自动激光打印机、立体库、注塑工厂信息化、自动打包机器人、产线机器人、管件自动化产线等。优化生产业务流程，不断提高生产各个环节对数据的实时感知能力、优化协同能力，在管理、销售、售后实现数据的互联互通，全线打通制造、营销、客户和物流的信息，加快反应速度，持续提升日丰集团安全环保、经济效益和综合管理水平，打造智能制造试点示范企业，努力实现传统企业的提质增效和转型升级。

信息化建设推动企业流程化与数字化转型。基于日丰集团多地工厂布局、经销商渠道管理，以及日丰集团内部综合管理的需求，2017 年以来，以日丰集团核心业务流程为主线，通过流程梳理与分析，优化业务流程与组织架构，日丰集团通过 ERP、CRM、PDM[1]、SRM[2]、MES、WMS[3]、EMS[4]、EAM[5]、OA[6]、BI[7]、安全卫士、渠道加平台等信息化系统建设，涵盖用户、市场、研发、销售、制造、财务、采购、服务等企业全价值链体系建设。实现管理透明化，建设以核心经营数据驱动、网络（IT+OT[8]）

---

1. PDM：Product Data Management，产品数据管理。
2. SRM：Supplier Relationship Management，供应商关系管理。
3. WMS：Warehouse Management System，仓库管理系统。
4. EMS：Event Management System，事件管理系统。
5. EAM：Enterprise Asset Management，企业资产管理系统。
6. OA：Office Automation，办公自动化。
7. BI：Business Intelligence，商业智能。
8. OT：Operational Technology，运营技术。

互联、平台共享的高效、科学管理模式，助力企业进行流程化、数字化转型。日丰集团的生产运营数字化流程如附图 3-5 所示。

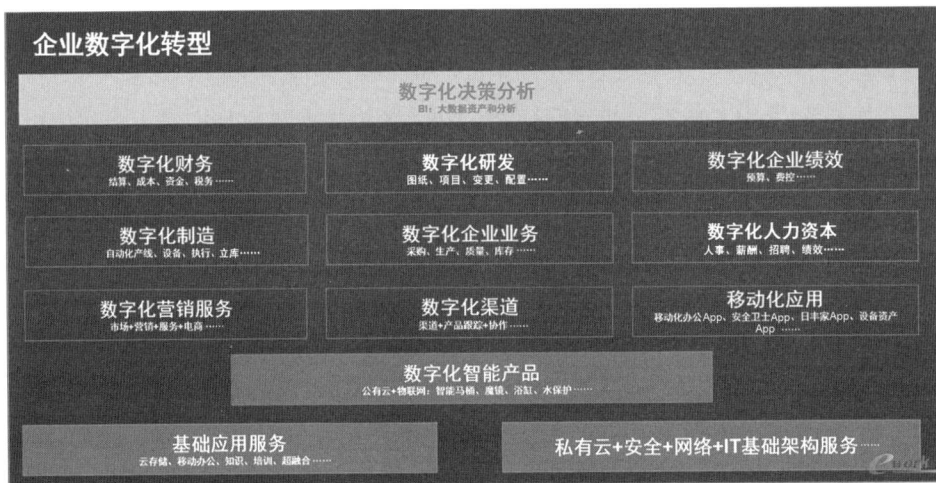

附图 3-5　日丰集团的生产运营数字化流程

在数字化转型期间，日丰集团一直秉持"一把手"工程原则推进工作。原本 10 余人的集团 IT 中心如今拥有专业 IT 人才 50 人，一半人员都考取了 PMP[2] 证书。随着数字化转型日渐成熟，IT 中心转变为创造新业务的部门。6 周时间内，IT 中心利用 IBM Garage 创新方法论落地了首个"5G ＋边缘计算＋智慧管网"平台，可对城市管网（含入户管网）进行智能化运营管理，该平台为日丰集团增强了边缘计算能力及差异化竞争优势。

数字化转型的成功经验： 日丰集团将数字化转型视为"一把手"工程，围绕"以客户为中心"的初衷，自上而下推行改革。数字化转型涉及企业体系变革，需要多个部门乃至上下游产业链等环节的配合。因此，日丰集团不仅梳理好组织内部的关系和流程，还在组织机制和平台赋能方面积极发力，

---

1. PMP：Project Management Professional，项目管理专业人员资质认证。

协同带动上下游企业实现价值重塑。此外，数字化转型是个漫长的过程，日丰集团要有足够的耐心，并积极运用外部力量，寻找到适合自身的解决方案。同时，日丰集团做好了长期且充分的计划，在数字化转型过程中不断发现问题并解决问题。

（三）佛山海尔滚筒洗衣机有限公司

（1）企业介绍

佛山海尔滚筒洗衣机有限公司（以下简称"佛山海尔"）于 2012 年 9 月 17 日成立，经营范围包括滚筒洗衣机及其他家电产品的研究、生产和销售；货物或技术进出口（国家禁止或涉及行政审批的货物和技术进出口除外）等。2020 年 7 月 13 日，佛山海尔入选 2020 年广东省专精特新中小企业名单。

（2）数字化转型实践

2015 年，海尔集团建成第一家互联工厂，即佛山滚筒互联工厂。同年 4 月 16 日，海尔全球定制洗衣机暨可视互联工厂发布会在佛山三水举行，2012 年开始筹建的"黑灯工厂"首次正式向外界亮相。佛山滚筒互联工厂生产线上，安装了数千个微小的射频识别传感器。正是这不起眼的小装置，直联 MES，架构起整个互联工厂的信息脉络。生产环节与生产环节之间，原材料、产品与生产设备之间，都通过传感器、可视摄像头进行数据收集与信息互联，系统对每个生产环节都设定稳定的生产节拍区间，确保各个工位无缝衔接进行作业。佛山海尔滚筒互联工厂利用全流程互联，实现人力投入减少 30%、不入库率超 70%、订单交付周期缩短超 50% 等管理效率提升。佛山海尔的滚筒生产数字化流程如附图 3–6 所示。

附图 3-6 佛山海尔的滚筒生产数字化流程

自 2015 年投产以来，佛山海尔每年都投入大量资金对互联工厂进行升级，包括流程优化、技术升级、效率提升等。如今已建成 3 条数字化和智能化的生产线，年产量达 300 万台洗衣机，整个车间安装的传感器超过 10 万个。依托卡奥斯 COSMOPlat 工业互联网平台，已搭建起五大信息化系统，实现生产数据、质量数据、设备数据等全采集。当前的佛山海尔正在筹划建设 5G 智慧园区，以进一步提升整厂管理的效率。佛山海尔的滚筒自动化生产车间如附图 3-7 所示。

附图 3-7 佛山海尔的滚筒自动化生产车间

佛山海尔打造的互联工厂,不仅在于生产车间内部人、机、料之间的互联,更强调管理的全流程互联,以实现研发设计、原料采购、生产制造、物流配送等所有环节的信息互联。全流程互联的背后,是海尔集团对效率的极致追求。2015 年,海尔集团应市场需求力推大规模个性化定制产品,这对标准单一、流程机械的传统制造模式是一次全新的挑战。而佛山海尔不仅实现了产品大规模个性化定制,还实现了交付周期从 20 多天缩短至 7 ～ 15 天。客户在销售平台下单定制产品的那一刻,销售数据就被实时传输到互联工厂,互联工厂立即排产,准备原料、安排生产线。由于互联工厂都是柔性生产线,个性化定制只需要通过系统设定增减功能模块,就能实现一条生产线输出不同的定制产品。佛山海尔的滚筒自动化作业场景如附图 3-8 所示。

附图 3-8　佛山海尔的滚筒自动化作业场景

超 10 万个传感器分布在不同的生产环节、生产设备,每一个生产动作都能产生大量的数据。以质量检测环节为例,过去主要依靠人工进行质量检测并录入数据,但难以全部收集。而现在,质检环节通过传感器和摄像头就能实现全自动化检测，系统能 100% 收集质检数据。数据样本量越大越有利于提高数据的质量，为提高质量管理水平提供精准的依据。

数字化转型的成功经验：制造业的核心环节是生产过程，依靠信息技术和智能技术赋能，是制造业企业的重要转型方向。对于中小企业而言，要善于从工业互联网平台借智借力，应根据行业特性和工厂特点找到合适的智能化与数字化方案，在转型升级中"少走弯路"。

（四）广东顺威精密塑料股份有限公司

（1）企业介绍

广东顺威精密塑料股份有限公司（以下简称"顺威精密"）成立于 1992 年 5 月 8 日，总部位于佛山市顺德区。经营范围包括：生产经营贯流风扇叶、轴流风扇叶、离心风扇叶、家电塑料制品、工程塑料、塑料合金、PVC 管件、汽车空调配件（不含废旧塑料）、机械配件及零件；制造、设计非金属制品模具；普通货运；研发、制造、加工、销售；卫浴洁具及其配件、水暖器材、清洁设备、家用电器；国内商业、物资供销业；经营和代理各类商品及技术的进出口业务。

（2）数字化转型实践

顺威精密在全球有 9 个基地，有几百台注塑机，对应的模具更有几千套，每个机台和模具存在匹配性关系。机台状态、模具状态、工艺状态、生产计划执行状况不能被快速及时地反馈，需要人工统计。

2016 年，顺威精密进行大规模信息化建设，实现了从产品研发，到采购、计划、库存、生产、销售、财务、运输等多个方面的系统管理。在数字化和智能化工厂建设二期项目中，顺威精密搭建注塑环节制造执行系统，实现了生产过程管理与控制一体化，做到了智能自动排产、生产过程管理、工艺管理、品质管理、设备管理、预警管理等。顺威精密开发"5G＋检测系统"减少人力需求，同时解决现有检测模式效率低下且合格率不稳定的问题。顺威精密还运用先进技术透明及时传输车间的信息，打造工业互联网应用标杆示范项目。顺威精密的自动化生产车间如附图 3–9 所示。

附图 3-9　顺威精密的自动化生产车间

为解决产品全部依赖人工抽检、每 2 小时检测一次的模式，以及发现不合格项则之前 2 小时的全部产品可能都需要报废等问题，自 2019 年起，顺威精密就开始探索解决方案，携手国内多家研究院，历时两年研发，于 2021 年 6 月底正式部署建设"5G＋检测系统"，通过使用高清晰度的工业相机在生产线上对产品进行拍摄，采集到的高清图像通过 5G 网络实时回传至图像 AI 进行分析处理，判断产品的质量是否合格，并将结果下发至生产线对产品进行标注。顺威精密通过开发的"5G＋检测系统"，减少人力需求，提高质检效率和产品合格率，同时通过及时响应、及时反馈，减少产品的报废率。

●生产计划方面：通过智能排产提升效率，提升车间的设备利用率，减少设备的闲置率与产品的不合理转产率。在 MES 上线后，机台利用率明显提升。

●生产过程管理方面：减少异常响应时间，提高异常响应速度。以信息沟通为途径，以信息数据为证据，将问题真实反馈出来，降低沟通成本。机台转产、机台维修时间明显缩短。

●工艺管理方面：基于"设备、模具、材料"三位一体的标准工艺，工艺管理更高效。在 MES 上线后，平均调机时间明显缩短，时间节约率显著提升。

●模具管理方面：模具的寿命由系统自动采集和计算，保证了其准确性和及时性，由此，可以提升模具实际的使用寿命，提前进行模具的开模准备。模具的所有信息全部在系统中体现，大幅提升了模具的管理效率。

●品质管理方面：及时发现并响应品质异常，从而减少报废。产品合格率明显改善，有效遏制不良品的生产。

●现场可视化管理方面：实现了车间管理可视化，提升了高层管理对关键生产信息获取的及时性，使管理层更快速、更高效地发现问题和做出管理决策。

2020 年 9 月，顺威精密开始实施"5G＋工业互联网＋AI 智能化工厂示范项目"，完成顺威精密车间 5G 专网建设，满足 MES、贯流 AI 视觉检测系统、具有深度学习能力的自动平衡检测系统的网络应用需求。2021 年 9 月 3 日，顺威精密的"5G＋工业互联网＋AI 智能化工厂示范项目"入选《2021 年佛山市工业互联网标杆示范项目评审结果》的"5G＋工业互联网应用标杆"公示名单。

　　数字化转型的成功经验：数字化转型使顺威精密车间信息传输透明、及时，大幅提高了设备的利用率，降低了生产成本。未来，顺威精密将继续以市场变化、客户需求为指引，推动制造业与数字技术深度融合，增强市场竞争力。

附录 4

数字化转型服务商调研

（一）广州智森信息科技有限公司

（1）企业介绍

广州智森信息科技有限公司（以下简称"智森信息"）成立于 2013 年，一直专注于帮助中小企业实现精益化仓储管理，结合最新的物流技术与互联网技术，建设高性能仓储管理系统 SaaS[1] 平台——壹拓云仓，让企业用低成本应用最新的物流信息化工具，帮助企业提升仓储竞争力，降低物流成本。

智森信息是阿里云和顺丰科技的合作伙伴，是广东省工业企业上云的 12 家标杆供应商，并已获得相关机构的战略投资。智森信息团队核心人员毕业于华南理工大学等学校的物流专业，来自知名企业物流经理及日企 IE 部门，均具有 10 年以上的行业管理经验，在仓储物流信息化领域拥有丰富的实践经验。

（2）调研反馈

客户不使用信息化系统主要是因为承包一套系统的价格昂贵，超出能力范围，员工对新系统接受难、上手难等。

使用系统比例：10 家客户企业有 3、4 家使用，6、7 家持观望态度，其中一部分企业关注价格，一部分已经考虑转型，但是不知道用哪家信息化系统更优惠或者适合。

行业指向性：工业制造（例如陶瓷、五金、食品、第三方物流）方向。

（3）工业场景的八大仓储管理问题

一是供应链条码不规范。条码不同，编码规范混乱，客户标签规格繁多，管理困难。

---

1. SaaS：Software as a Service，软件即服务。

二是作业效率低。找料难、效率低、退料难、无单退料、尾料难管理。

三是准确率低。出入库容易出错，库存准确性不高。

四是批次管理难。先进先出难执行，呆滞品多，造成过期浪费，物料无法追溯。

五是人员管理难。新人上手难，绩效管理难，人力成本高。

六是部门间协同难。ERP 系统录入工作量大，多仓协同困难，数据更新不及时、不一致，对账难。

七是现场管理混乱。流程不规范，标识不清晰，容积率低，空间浪费大，码堆不规范。

八是仓库管理存在"黑洞"。库存不清晰。

（4）行业解决方案

① 汽车配件业

"工业 4.0"时代到来，智能制造成为汽配厂商提升产能、增强竞争实力的必由之路，转型速度是制胜的关键。然而，对于汽配企业来说，仓库管理是一个很重要的环节，但同时也是管理的难点。汽车配件业壹拓云仓 WMS 方案如附图 4-1 所示。

人工报单，准确率低

配件仓储零件长期库存，损耗较大

追溯产品质量难，真实性和及时性不足

仓库库位规划不规范，对熟练工依赖性强

SKU[1]数量多，规格复杂，标识不够合理

供应商到货无计划，时效性极高

仓库摆放货品乱，缺乏规则；收错货、发错货、领错料等情况发生，作业成本高

注：1. SKU（Stock Keeping Unit，存货单位）。

附图 4-1　汽车配件业壹拓云仓 WMS 方案

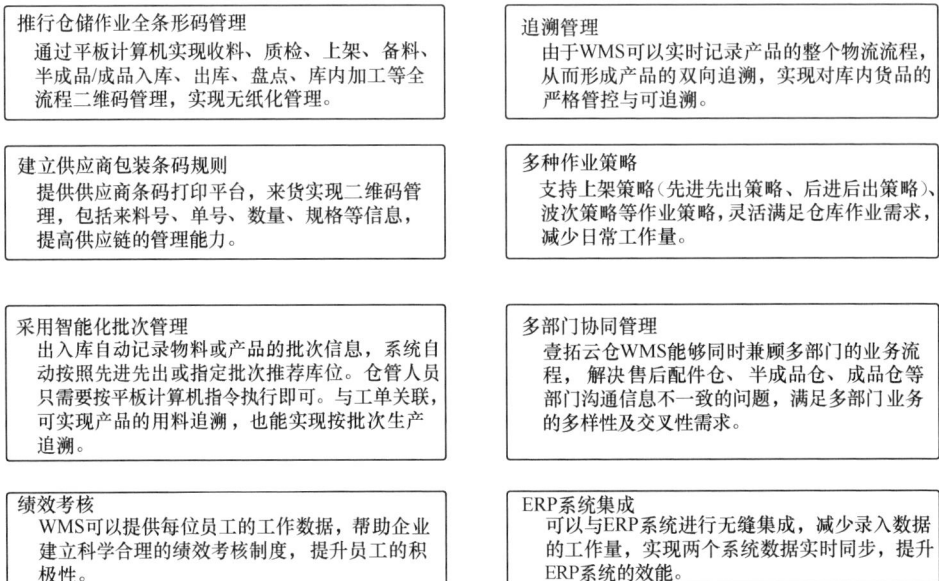

推行仓储作业全条形码管理
通过平板计算机实现收料、质检、上架、备料、半成品/成品入库、出库、盘点、库内加工等全流程二维码管理，实现无纸化管理。

建立供应商包装条码规则
提供供应商条码打印平台，来货实现二维码管理，包括来料号、单号、数量、规格等信息，提高供应链的管理能力。

采用智能化批次管理
出入库自动记录物料或产品的批次信息，系统自动按照先进先出或指定批次推荐库位。仓管人员只需要按平板计算机指令执行即可。与工单关联，可实现产品的用料追溯，也能实现按批次生产追溯。

绩效考核
WMS可以提供每位员工的工作数据，帮助企业建立科学合理的绩效考核制度，提升员工的积极性。

追溯管理
由于WMS可以实时记录产品的整个物流流程，从而形成产品的双向追溯，实现对库内货品的严格管控与可追溯。

多种作业策略
支持上架策略（先进先出策略、后进后出策略）、波次策略等作业策略，灵活满足仓库作业需求，减少日常工作量。

多部门协同管理
壹拓云仓WMS能够同时兼顾多部门的业务流程，解决售后配件仓、半成品仓、成品仓等部门沟通信息不一致的问题，满足多部门业务的多样性及交叉性需求。

ERP系统集成
可以与ERP系统进行无缝集成，减少录入数据的工作量，实现两个系统数据实时同步，提升ERP系统的效能。

附图 4-1 汽车配件业壹拓云仓 WMS 方案（续）

② 电子电器业

家电（电视、空调、洗衣机等）品牌厂对物料、成品的追溯要求较高。代工厂基本是按单生产，所以库存有明显的潮汐现象，在一个订单周期里，非常容易出现"爆仓"。客户对发货包装的要求及标签多样化。电子电器业壹拓云仓 WMS 方案如附图 4-2 所示。

销售有较强的季节性，容易造成库存积压

订单多、管理复杂、成品追溯要求高

人工报单，准确率低

附图 4-2 电子电器业壹拓云仓 WMS 方案

物件大，库位规划不规范，
容积率低

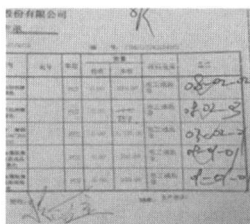

纸质单据，人工复核

SKU数量多，规格复杂

附图 4-2 电子电器业壹拓云仓 WMS 方案（续）

壹拓云仓 WMS 方案针对以上痛点，主要解决的问题包括以下 7 点。

一是建立精益化库位管理。规范库位管理，获得更高的容积率，使作业线流畅高效。

二是严格执行先进先出管理。由于产品的特殊性，有明显的季节性，管控库存的先进先出，减少物料的呆滞，以免造成浪费。

三是推行仓储作业全条形码管理。使用平板计算机可实现收料、质检、上架、备料、半成品 / 成品入库、出库、盘点、库内加工等全流程二维码管理。

四是进行产品追溯管理。当存在不合格产品时，追溯不合格产品的源头，判断受影响批次中剩余产品，且找到其位置。追溯范围为成品→生产批号→原材料→供应商。

五是建立供应商包装条码规则。提供供应商条码打印平台，来货实现二维码管理，包括来料号、单号、数量、规格等信息，以提高供应链管理能力。

六是与 ERP 系统实现无缝对接。实现 ERP 系统与 WMS 的实时对接，在收集数据的同时，减少用户操作的步骤，提高工作效率，提升仓库管理的水平。实时监控原料、成品情况，达到与实物库存一致的效果。

七是多部门协同管理。壹拓云仓 WMS 方案能够同时兼顾多部门的业务流程，解决了售后配件仓、半成品仓、成品仓等部门沟通信息不一致的问题，满足了多部门业务的多样性及交叉性需求。

（二）广州竞华软件科技有限公司

（1）企业介绍

广州竞华软件科技有限公司（以下简称"竞华软件"）成立于2014年，是一家专业从事工业互联网SaaS平台软件开发及实施的高新技术企业，是广东省中小企业服务联盟智能制造专委会单位，也是广东省工业互联网上云上平台资源池服务商，自主研发的竞华云智造平台广泛应用于制造业生产现场管控，拥有一批长期专业从事精益咨询、软件开发、产品研发、系统实施的专业人才，具有雄厚的研发实力，能够全方位满足企业数字化项目的需求。竞华云智造SaaS平台专注于注塑、压铸、五金冲压、机加工及电子组装等行业生产现场数字化系统，致力于打造实时、精益、高效的数字化系统，以提升企业盈利为目标，打通"信息孤岛"，并以交期、产量、质量、效率、成本等关键生产指标，进行数据建模、实时采集，对标分析、实时反馈，建立动态的在线经营驾驶舱，助力企业有效降低成本，实现效益倍增。

（2）调研反馈

竞华软件认为中小企业非常有必要进行数字化转型，越来越多的企业接受了上云的概念，因为企业上云带来了时间成本和运维成本降低使企业享受到实惠。而部分企业觉得自身不进行数字化转型就会落后，但是工厂体量较小，无法进行数字化转型。

中小企业数字化转型的主要困难有3点：一是思想转变难；二是财务问题、成本问题、资金问题；三是管理问题。

（3）竞华智慧科技系统组成

竞华智慧科技系统如附图4-3所示。

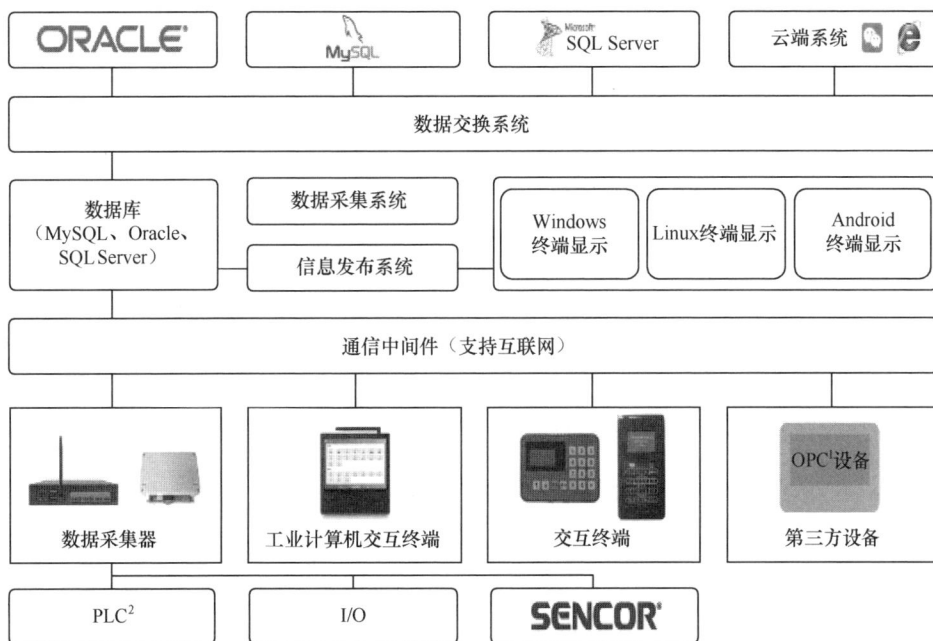

注：1. OPC（Open Process Control，开放式过程控制）。
　　2. PLC（Programmable Logic Controller，可编程逻辑控制器）。

附图 4-3　竞华智慧科技系统

（三）广州博纳信息技术有限公司

（1）企业介绍

广州博纳信息技术有限公司（以下简称"博纳信息"）是中国领先的信息化系统解决方案服务集成商，致力于为企业级客户提供全面的 IT 产品和行业解决方案服务，以及基于解决方案的管理咨询、应用开发、系统集成、实施和维护等专业化服务。博纳信息以 IT 数据获取、数据分析、数据优化、数据挖掘、BI 及地理信息系统（Geographic Information System，GIS）应用研发为核心发展业务，注重项目管理和质量跟踪，并采用各种高科技软硬件产品与自主研发成果相结合的方式为客户提供产品和服务，海量数据全过程服务为企业提供从数据采集、整理到分析全过程的科学管理，有效保障了客户数据的准确率。

（2）调研反馈

企业的服务对象：博纳信息的客户群体中，中小企业数量多，政府需求较大，中小企业客户偏向科技领域为主，外贸零售业较少。

政府类市场：博纳信息是该领域的领先企业，主要研发软件平台，其中GIS类项目较多，相关经验丰富，中小学教育考试摄像头监控产品比较成熟。

企业市场：博纳信息主要研发第三方软件测评产品，在这一领域，现有系统或软件与市场需求高度不匹配，而博纳信息的企业技术与市场需求较为吻合。

（四）佛山市有为科技有限公司

（1）企业介绍

佛山市有为科技有限公司（以下简称"有为科技"）于2020年在佛山市南海区丹灶镇成立，本地化运营，深耕五金行业，开展管理咨询。丹灶镇有4000多家五金企业，2019年五金产值230亿元，占全镇工业产值约66%，丹灶产业集群中传统五金企业占比62%左右，产成品组装销售服务占比61%。400～500家为高新骨干企业，但企业规模普遍不大，约七成企业产值为2000万～5000万元。

（2）调研反馈

从服务商的角度来看，行业领先企业数字化投入规模占营收的比例大部分在5‰左右，能够达到1%的非常稀少。有为科技认为中小企业在数字化转型过程中，首先需要高层转变思维，还要兼顾中层利益，考虑到数字化是否会替代部分人员的工作。对于基层人员的操作，应考虑可操作性和便捷性。

有为科技认为，佛山市的政策引导和资金支持最密集、最有效，其中，通过新建工业园、设备数字化改造等，改变了原先中小微企业的环境和设备。佛山市政府联合银行机构推出的"数字贷"，为中微企业提供了几百万元到几亿元不等的资金扶持。

（五）四川长虹广州分公司

（1）企业介绍

四川长虹广州分公司（以下简称"长虹"）于 2000 年开始信息化建设，2005 年建设了信息化管理中心、财务信息化中心，2008 年信息中心拆分独立，子公司虹信对外输出解决方案，进行 SAP 交付，提供财务共享咨询、落地、运营服务。

专注智能家居：泛家居（家电、建材等）行业，服务高端酒店和高端别墅，服务制造型企业的财务共享、ERP 等系统。

主要客户：资产达 10 亿元以上的大中型企业，供应商也应有一定的信息化基础，但符合供应要求即可，信息化程度要求不高。

（2）调研反馈

基于在冰箱压缩机、物联网模块、轨道交通电源、5G 连接器等多个产业布局，长虹已基本完成工业互联网及智能制造的升级，总结出一整套相关解决方案，以产品和服务的形式提供给有需求的企业，以期带动中国制造业的产业升级。财报显示，2020 年，长虹研发费用为 18.89 亿元，同比增长18.88%。加上资本化研发投入，2020 年，长虹的研发投入高达 25.12 亿元。事实上，不只是研发投入金额上涨，长虹研发投入占营收的比重也在上涨。2016 年，长虹研发投入占营收的比重为 1.61%，到 2020 年，这一数字已上升到 2.66%。

（六）广州力控元海信息科技有限公司

（1）企业介绍

广州力控元海信息科技有限公司（以下简称"力控元海"）成立于2014年，总部设在广州，下设武汉、长沙、厦门3个办事处。力控元海致力于推广力控科技集团产品HMI[1]/SCADA[2]自动化软件、实时历史数据库、工业物联网、工业大数据及数据挖掘、先进制造及工业控制系统安全，逐步推出了自有产品线，包括手机端的FC App，基于数字孪生的工业3D可视化平台MES、WMS、EAM、工业能源管理平台等，各个产品线均有行业应用实例。力控元海2020年的营业额不到4亿元，作为中小企业数字化转型承建方，力控元海实现了生产线监控、能源管理、MES、节能降耗等，侧重于锂电行业、鞋服行业的厂务管理、消防安防和数据可视化等。

（2）调研反馈

客户类型：华北地区为重工、能源等行业，华中地区为医疗行业，华南地区为冶金、光伏等行业。20%的客户为大企业，80%的客户为小企业，但力控元海60%的营收靠大企业贡献。

力控元海认为中小企业非常有必要进行数字化转型，且其自身也在进行数字化转型，例如在财务流程、采购流程、人员管理、研发计划等方面，数字化转型后给企业管理带来便利。中小企业有动力上云上平台，自发性强，企业由于市场和客户的压力促进了数字化转型，高污染、高能耗企业的数据需要公示促进转型。企业数字化转型中主要面临的困难是数字化方面标准不统一、没有达到一定规模、缺乏领先企业、人才储备不足、设备维护成本高、中小企业自身规划和数字化意识不足。

---

1. HMI：Human Computer Interaction，人机交互。
2. SCADA：Supervisory Control And Data Acquisition，数据采集与监控系统。

（3）公司产品

力控元海的 SCADA 系列产品框架如附图 4-4 所示，力控元海的智能制造产品 A 如附图 4-5 所示，力控元海的智能制造产品 B 如附图 4-6 所示。

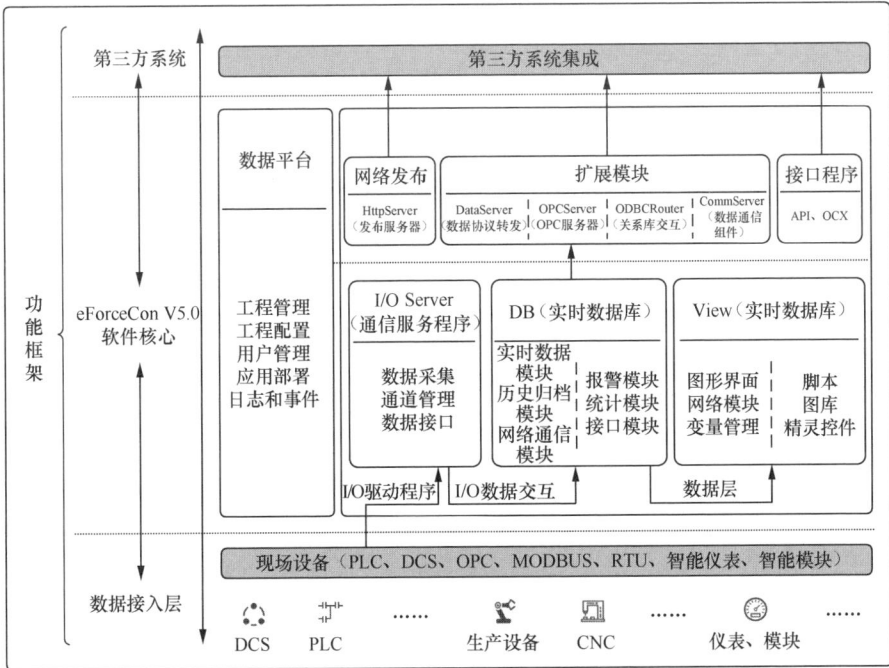

附图 4-4　力控元海的 SCADA 系列产品框架

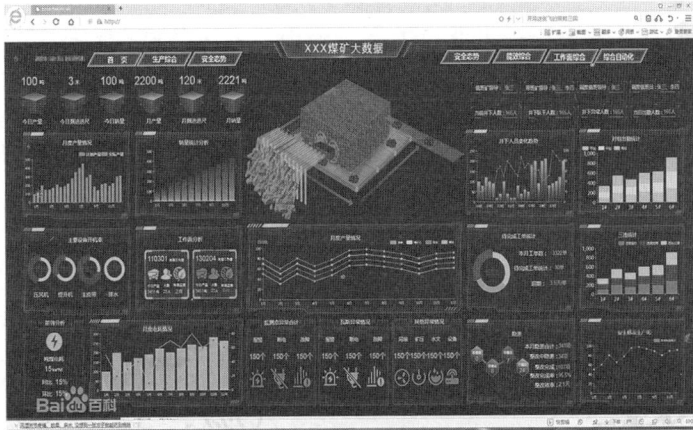

附图 4-5　力控元海的智能制造产品 A

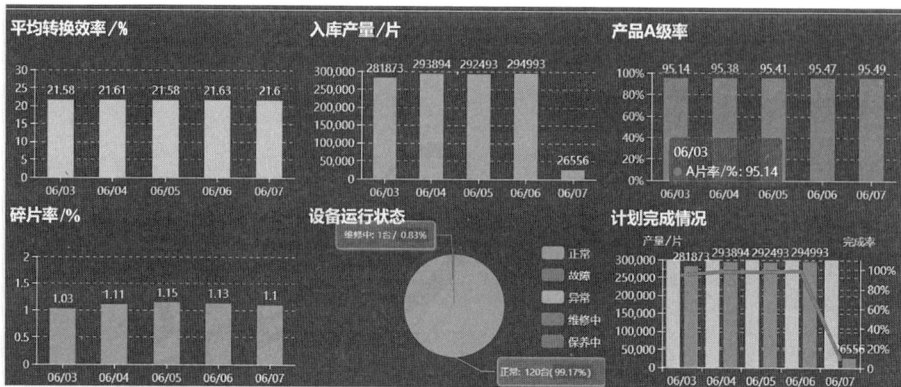

附图 4-6　力控元海的智能制造产品 B

（4）解决方案

① 工业云智慧运维平台解决方案

该平台以优化生产管理与设备运维为目标，通过应用智能识别、知识图谱、专家系统、云端模型训练等技术，完成对远程生产及设备的实时诊断、预警、运营、优化、维护、能源管理等，实现企业的智能化生产与管理，以及数据治理和智慧服务，提升运维和能源管理的水平。力控元海打造了综合调度、基于"一张图"的管理驾驶舱。

② 数字孪生工厂解决方案

该解决方案基于现场工业以太网，通过工业采集网关对不同的子系统、设备、智能仪表等数据进行集中汇总、分类，以及预处理，实现了系统数据接口的统一化和标准化，解决了现场设备协议不一致带来的接入、管理混乱等问题。

该解决方案完全采用力控元海自主研发的软硬件进行设计，从根本上保障了平台的稳定性、安全性和可持续性。通过对企业、生产的全流程管控，最终完成信息子系统间的集成以及互联互通的相关建设任务，从而构建了冶金企业信息化综合业务体系。

参考文献

[1] 曹正勇. 数字经济背景下促进我国工业高质量发展的新制造模式研究 [J]. 理论探讨. 2018 (2): 99–104.

[2] 陈昌盛，许伟，兰宗敏，等. "十四五"时期我国发展内外部环境研究 [J]. 管理世界，2020，36(10): 1–14+40+15.

[3] 陈冬梅，王俐珍，陈安霓. 数字化与战略管理理论——回顾、挑战与展望 [J]. 管理世界，2020，36(5): 220–236+20.

[4] 陈寒松，张文玺. 权变管理在管理理论中的地位及演进 [J]. 山东社会科学，2010 (9): 105–108.

[5] 陈怀超. 合法性视角下制度距离对中国跨国公司国际市场进入模式的影响研究 [M]. 北京：经济科学出版社，2013.

[6] 陈庆江，王彦萌，万茂丰. 企业数字化转型的同群效应及其影响因素研究 [J]. 管理学报，2021，18(5): 653–663.

[7] 陈晓萍，徐淑英，樊景立. 组织与管理研究的实证方法 [M]. 北京：北京大学出版社，2008.

[8] 陈晓颖，邱国栋. 从产品主导逻辑到服务主导逻辑：能力重构视角下企业的数字化转型研究 [J]. 研究与发展管理，2022，34(1): 39–53.

[9] 陈玉娇，宋铁波，黄键斌. 企业数字化转型："随行就市"还是"入乡随俗"?——基于制度理论和认知理论的决策过程研究 [J]. 科学学研究，2022，40(6): 1054–1062.

[10] 池毛毛，叶丁菱，王俊晶，等. 我国中小制造企业如何提升新产品开发绩效——基于数字化赋能的视角 [J]. 南开管理评论，2020，23(3)63–75.

[11] 池仁勇，郑瑞钰，阮鸿鹏 . 企业制造过程与商业模式双重数字化转型研究 [J]. 科学学研究，2022，40(1): 172–181.

[12] 邓新明，刘禹，龙贤义，等 . 管理者认知视角的环境动态性与组织战略变革关系研究 [J]. 南开管理评论，2021，24 (1): 62–73+88–90.

[13] 杜运周，贾良定 . 组态视角与定性比较分析（QCA）：管理学研究的一条新道路 [J]. 管理世界，2017 (6): 155–167.

[14] 段发明，党兴华 . 高管领导行为对组织认知和技术创新绩效的影响：区分高管是否为创始人的实证研究 [J]. 管理工程学报，2016，30(2): 1–8.

[15] 方燕，刘柱，隆云滔 . 互联网经济的性质：本质特征和竞争寓意 [J]. 财经问题研究，2018 (10): 31–39.

[16] 冯缨，徐占东 . 我国中小企业实施电子商务关键影响因素实证研究——基于创新扩散理论 [J]. 软科学，2011，25(3): 115–120+129.

[17] 郭朝先，王嘉琪，刘浩荣 . "新基建"赋能中国经济高质量发展的路径研究 [J]. 北京工业大学学报（社会科学版），2020，20(6)13–21.

[18] 何帆，刘红霞 . 数字经济视角下实体企业数字化变革的业绩提升效应评估 [J]. 改革，2019 (4): 137–148.

[19] 胡晶 . 工业互联网、工业 4.0 和"两化"深度融合的比较研究 [J]. 学术交流，2015 (1): 151–158.

[20] 黄群慧，余泳泽，张松林 . 互联网发展与制造业生产率提升：内在机制与中国经验 [J]. 中国工业经济，2019 (8): 5–23.

[21] 江小涓 . 高度联通社会中的资源重组与服务业增长 [J]. 经济研究，2017，52 (3): 4–17.

[22] 江玉国 . 工业企业"智造"转型的动力机制研究 [J]. 科研管理，2020，41 (2): 104–114.

[23] 蓝海林，汪秀琼，吴小节，等 . 基于制度基础观的市场进入模式影响
因素：理论模型构建与相关研究命题的提出 [J]. 南开管理评论，2010,
13 (6): 77–90+148.

[24] 李春发，李冬冬，周驰 . 数字经济驱动制造业转型升级的作用机理——
基于产业链视角的分析 [J]. 商业研究，2020 (2): 73–82.

[25] 李平，竺家哲，周是今 . 破解企业数字化增长难题的锦囊妙计：知己知
彼与和而不同 [J]. 清华管理评论，2019 (9): 84–93.

[26] 李晓华 . "互联网 +"改造传统产业的理论基础 [J]. 经济纵横，2016 (3):
57–63.

[27] 李燕 . 工业互联网平台发展的制约因素与推进策略 [J]. 改革，2019 (10):
35–44.

[28] 刘淑春，闫津臣，张思雪，等 . 企业管理数字化变革能提升投入产出效
率吗 [J]. 管理世界，2021，37(5): 170–190+13.

[29] 吕文晶，陈劲，刘进 . 工业互联网的智能制造模式与企业平台建设——
基于海尔集团的案例研究 [J]. 中国软科学，2019 (7): 1–13.

[30] 倪克金，刘修岩 . 数字化转型与企业成长：理论逻辑与中国实践 [J]. 经济
管理，2021，43(12): 79–97.

[31] 戚聿东，蔡呈伟 . 数字化对制造业企业绩效的多重影响及其机理研究 [J].
学习与探索，2020，(7): 108–119.

[32] 戚聿东，蔡呈伟 . 数字化企业的性质：经济学解释 [J]. 财经问题研究，
2019 (5): 121–129.

[33] 戚聿东，肖旭 . 数字经济时代的企业管理变革 [J]. 管理世界，2020，
36(6): 135–152+250.

[34] 尚路，史学敏．关于传统制造业数字化时代转型的一些思考 [J].新经济，2021 (9): 62–65.

[35] 王晨，宋亮，李少昆．工业互联网平台：发展趋势与挑战 [J].中国工程科学，2018，20(2): 15–19.

[36] 吴溪，朱梅，陈斌开．"互联网 +" 的企业战略选择与转型业绩——基于交易成本的视角 [J].中国会计评论，2017，15(2): 133–154.

[37] 肖静华，吴小龙，谢康，等．信息技术驱动中国制造转型升级——美的智能制造跨越式战略变革纵向案例研究 [J].管理世界，2021，37(3): 161–179+225+11.

[38] 肖静华，谢康，吴瑶，等．从面向合作伙伴到面向消费者的供应链转型——电商企业供应链双案例研究 [J].管理世界，2015(4): 137–154+188.

[39] 肖静华．从工业化体系向互联网体系的跨体系转型升级模式创新 [J].产业经济评论，2017 (2): 55–66.

[40] 肖静华．企业跨体系数字化转型与管理适应性变革 [J].改革，2020 (4): 37–49.

[41] 徐蒙．数字化转型与企业创新 [J].企业经济，2020，39 (12): 54–60.

[42] 杨德明，刘泳文．"互联网 +" 为什么加出了业绩 [J].中国工业经济，2018 (5): 80–98.

[43] 张峰，刘璐璐．数字经济时代对数字化消费的辩证思考 [J].经济纵横，2020 (2): 45–54.

[44] 张夏恒．中小企业数字化转型障碍、驱动因素及路径依赖——基于对 377 家第三产业中小企业的调查 [J].中国流通经济，2020，34(12): 72–82.

[45] 郑伟，钊阳 . 数字贸易：国际趋势及我国发展路径研究 [J]. 国际贸易，
    2020 (4): 56–63.

[46] 何玉长，王伟 . 数据要素市场化的理论阐释 [J]. 当代经济研究，2021，
    308 (4): 33–44.

[47] 胥培俭，丁琦，张思文 . 数字经济时代中小企业的数字化转型研究 [J]. 信
    息通信技术与政策，2020 (3): 53–55.

[48] 陈兵 . 激发数据要素的生命力与创造力 [J]. 人民论坛，2021 (Z1): 34–37.